L'homme au pied bot

Valentin Williams

Writat

Cette édition parue en 2024

ISBN : 9789359940151

Publié par
Writat
email : info@writat.com

Contenu

CHAPITRE I

JE CHERCHE UN LIT À ROTTERDAM

L'employé de la réception leva les yeux du registre de l'hôtel et secoua fermement la tête. "Vraiment désolé, saire ", dit-il, "pas de lit dans la maison." Et il ferma le livre en un clin d'œil.

Dehors, la pluie tombait durement sur le ciel. Tous ceux qui entraient dans le vestibule bien éclairé de l'hôtel entraient avec un jet d'eau. J'avais l'impression que je préférerais mourir plutôt que d'affronter à nouveau les rues balayées par le vent de Rotterdam.

Je me tournai une fois de plus vers l'employé qui était maintenant occupé au porte-clés.

"Tu n'as pas vraiment un coin ? Cela ne me dérange pas où il se trouve, car ce n'est que pour la nuit. Viens maintenant..."

"Vraiment désolé, saire . Nous avons déjà deux messieurs qui dorment dans les toilettes. Si vous aviez réservé..." Et il haussa les épaules et se pencha vers un visiteur qui lui réclamait sa clé.

Je me suis détourné avec la rage au cœur. Quel fou j'avais été de ne pas télégraphier de Groningen ! J'en avais bien l'intention, mais la conversation extraordinaire que j'avais eue avec Dicky Allerton m'avait fait sortir tout le reste de la tête. Dans tous les hôtels que j'avais essayés, c'était la même histoire : Cooman's , le Maas, le Grand, tous étaient pleins jusqu'aux salles de bains. Si j'avais seulement câblé....

En m'évanouissant sous le porche , je me suis souvenu du porteur. Un portier d'hôtel m'avait aidé à sortir d'une situation similaire à Breslau il y a des années. Ce porteur, avec son visage rouge et imbibé de boisson et ses galons d'or terni, ne promettait rien de bon, en ce qui concerne une recommandation d'hébergement pour la nuit. Toujours...

Je suppose que c'est mon esprit, basé sur mon expérience à Breslau, qui m'a poussé à m'adresser à cet homme en allemand. Quand on est familier avec une langue étrangère depuis son enfance, il suffit d'une très légère impulsion mentale pour s'y plonger. De ces modestes débuts naissent les grandes entreprises. Si j'avais connu l'immense ramification de l'aventure qui devait prendre racine à partir de cette simple question, je crois vraiment que mon cœur m'aurait fait défaut et que j'aurais couru dans la nuit et la pluie et parcouru les rues jusqu'au matin.

Eh bien, je me suis retrouvé à demander à l'homme en allemand s'il savait où je pourrais trouver une chambre pour la nuit.

Il me lança un rapide coup d'œil sous ses paupières rougies.

"Ce monsieur aimerait sans doute une maison allemande ?" » il a demandé.

Vous ne le croirez peut-être pas, mais mon entretien avec Dicky Allerton cet après-midi-là avait tout simplement fait sortir la guerre de mon esprit. Lorsqu'on a beaucoup vécu parmi des peuples étrangers, la mentalité se glisse automatiquement dans leur peau. Je pensais maintenant en allemand – du moins c'est ce qu'il me semble quand je repense à cette nuit-là – et j'ai répondu sans réfléchir.

"Je m'en fiche de l'endroit où il se trouve, du moment que je peux trouver un endroit où dormir à l'abri de cette pluie infernale !"

" Monsieur peut avoir un bon lit propre à l'hôtel Sixt dans la petite rue qu'on appelle le Vos en Angleterre. Tuintje , sur le canal derrière la Bourse. La patronne est une bonne allemande, jawohl ... Frau Anna Schratt , elle s'appelle. Il suffit à ce monsieur de dire qu'il vient de Franz au Bopparder Hof.

J'ai donné un florin à l'homme et lui ai demandé de me trouver un taxi.

Il pleuvait toujours. Alors que nous parcourions les pavés scintillants, mon esprit revenait sur les événements surprenants de la journée. Ma conversation avec le vieux Dicky m'avait tellement secoué mentalement qu'il m'était d'abord presque impossible de concentrer mes pensées. C'est le pire choc d'obus. Vous pensez que vous êtes guéri, que vous vous sentez en forme et en bonne santé, et puis soudain, la machinerie de votre esprit s'arrête, s'arrête et grince. Depuis que j'étais sorti de l'hôpital en convalescence après avoir été blessé dans la Somme (« blessure par balle à la tête et commotion cérébrale » comme disaient les médecins), je m'étais entraîné, chaque fois que mon cerveau était *en panne* , à revenir au début des choses et travailler lentement jusqu'à présent par étapes méthodiques.

Voyons donc : j'ai été « interné » à Millbank et j'ai obtenu trois mois de congé ; puis j'ai passé un mois dans le bungalow des Little Johns à Cornwall. C'est là que j'ai reçu la lettre de Dicky Allerton, qui, avant la guerre, était associé à mon frère Francis dans le secteur automobile à Coventry. Dicky avait fait partie de la division navale à Anvers et fut interné avec le reste de la foule lorsqu'ils traversèrent la frontière néerlandaise en ces jours désastreux d'octobre 1914.

Dicky a écrit de Groningen, juste une ligne. Maintenant que j'étais en congé, si j'étais apte à voyager, viendrais-je à Groningen pour le voir ? "J'ai eu une curieuse communication qui semble avoir à voir avec le pauvre Francis", a-t-il ajouté. C'était tout.

Mon cerveau était toujours en arrêt, alors je me tournai vers Francis. Là encore, j'ai dû y retourner. Francis, rejeté de toutes parts pour son service actif, en raison de ce qu'il appelait avec mépris « le mal des escrocs, les varices », avait catégoriquement refusé de poursuivre son activité automobile après l'arrivée de Dicky, bien que leur entreprise fasse partie du gouvernement. travail. Finalement, il avait disparu dans la gueule du War Office et tout ce que je savais, c'est qu'il était « quelque chose dans les services secrets ». De plus, même *lui ne* voulait pas me le dire, et lorsqu'il disparut finalement de Londres, à peu près au moment où je sautais le parapet avec mon bataillon à Neuve Chapelle, il me laissa ses appartements de Londres comme seule adresse pour ses lettres.

Ah ! maintenant, tout revenait : les rares lettres de Francis à propos de rien du tout, puis son testament, qui m'avait été transmis pour être mis en sécurité lorsque j'étais à la maison en congé à Noël dernier, et après cela, le silence. Pas une autre lettre, pas un mot sur lui, pas la moindre information. Il avait complètement disparu.

Je me souvenais de mes recherches effrénées, de mes vaines visites au War Office, de ma perplexité devant le silence imperturbable des différents fonctionnaires que j'importunais pour avoir des nouvelles de mon pauvre frère. Puis il y a eu ce déjeuner au Bath Club avec Sonny Martin des Heavies et un de ses amis, une sorte de capitaine d'état-major à onglets rouges. Je ne pense pas avoir entendu son nom, mais je sais qu'il était au War Office, et tout à coup, autour de nos cigares et de notre café, je lui ai exposé les faits mystérieux sur le cas de mon frère.

"Peut-être connaissiez-vous Francis ?" Dis-je en conclusion. "Oui," répondit-il, "je le connais bien." " *Connaissez* -le, répétai-je, *connaissez* -le alors... alors vous pensez... vous avez des raisons de croire qu'il est encore en vie... ? "

Red Tabs leva les yeux vers la corniche dorée du plafond et souffla une bague avec son cigare. Mais il n'a rien dit.

J'ai persisté dans mes questions mais cela n'a servi à rien. Red Tabs se contenta de rire et dit : « Je ne sais rien du tout, sauf que votre frère est un garçon des plus charmants, avec tout votre propre amour pour faire ce qu'il veut.

Alors Sonny Martin, qui est la perfection du tact et de la diplomatie (c'est sans doute pour cette raison qu'il a échoué dans la diplomatie), a raconté une anecdote sur un homme qui évaluait le serveur à une table voisine, et j'ai gardé le silence. Mais alors que Red Tabs se levait pour partir, un peu plus tard, il me tint la main pendant une minute dans la sienne et, avec son regard curieux, dit lentement et avec un sens :

"Quand une nation est en guerre, les officiers en *service actif* doivent parfois disparaître, parfois dans l'intérêt de leur pays, parfois dans le leur."

Il a souligné les mots « en service actif ».

En un éclair, mes yeux se sont ouverts. Comme j'avais été aveugle ! François était en Allemagne.

CHAPITRE II

LE CHIFFRE AVEC LA FACTURE

en forme de sphinx de Red Tabs n'était pas une énigme pour moi. J'ai tout de suite su que François devait être au service secret du pays ennemi et de ce pays, l'Allemagne. La connaissance extraordinaire de mon frère des Allemands, de leurs coutumes, de leur vie et de leurs dialectes, le rendait idéal pour une mission aussi périlleuse. François a toujours eu un talent extraordinaire pour les langues : il semblait les acquérir toutes sans aucun effort mental, mais en allemand, il était suprême. Durant l'année que lui et moi avons passée chez le Consistorial-Rat von Mayburg à Bonn, il m'a rapidement distancé, et même si, à la fin de notre temps, je parlais allemand comme un Allemand, François était capable, en outre, de parler Bonn et Cologne *patois* comme un natif de ces villes anciennes - oui, et il pouvait entraîner une escouade de recrues dans leur propre langue comme le *Leutnant le plus intelligent* jamais sorti de Gross- Lichterfelde .

Il n'a jamais eu aucune difficulté à se faire passer pour un Allemand. Eh bien , je me souviens de sa joie lorsqu'il a été revendiqué comme compatriote du Rheinländer par un officier allemand que nous avons rencontré, un été avant la guerre, combinant golf et un peu d'espionnage utile à Cromer.

Je ne pense pas que Francis ait eu une arrière-pensée dans son étude de l'allemand. Il découvrit simplement qu'il avait cette faculté d'imitation ; La philologie l'avait toujours intéressé, aussi, même après s'être lancé dans le commerce automobile, il s'amusait lors de voyages d'affaires en Allemagne à acquérir de nouveaux dialectes.

Ses imitations allemandes étaient extraordinairement drôles. L'un de ses "tours d'étoiles" fut une séance bruyante du Reichstag avec des discours du prince Bülow et d'August Bebel et des "interruptions" ; un autre, un discours patriotique prononcé par un vieux général prussien lors du dîner d'anniversaire d'un Kaiser. Francis avait une merveilleuse faculté non seulement de *ressembler à* un Allemand, mais même de ressembler presque à un Allemand, tant il était absolument capable de se glisser dans la peau du rôle.

Pourtant, jamais, dans mes moments les plus fous, je n'avais imaginé qu'il tenterait d'entrer en Allemagne en temps de guerre, dans ce pays où chaque citoyen est catalogué et catalogué dès le berceau. Mais la déclaration oraculaire de Red Tabs m'avait tout clarifié. Pourquoi une mission en Allemagne serait-elle exactement ce que François donnerait des yeux pour pouvoir tenter ! Francis, avec son mépris total du danger, son amour du risque, son plaisir espiègle à prendre le dessus sur le lourd Hun — eh bien, s'il y avait des Anglais assez courageux pour prendre des risques de ce genre, Francis serait le premier à se porter volontaire.

Oui, si François était en mission quelque part, ce serait en Allemagne. Mais quelle chance avait-il de revenir un jour – avec les frontières fermées et l'entrée et la sortie pratiquement interdites, même aux neutres pro-allemands ? Plusieurs nuits dans les tranchées, j'ai eu une vision mentale de François, si débonnaire et si intrépide, face à un peloton d'exécution de soldats prussiens.

Depuis le jour du déjeuner au Bath Club jusqu'à cet après-midi même, je n'avais plus aucune idée de l'endroit où se trouvait mon frère ni du sort qui lui était réservé. Les autorités nationales professaient leur ignorance, comme je le savais, par devoir, elles le feraient, et je n'avais aucune théorie sur laquelle m'appuyer jusqu'à l'arrivée de la lettre de Dicky Allerton. Ashcroft, au FO, a préparé mes passeports pour moi et je n'ai pas perdu de temps pour échanger les mouettes blanches et les falaises rouges de Cornouailles contre les moulins à vent et les canaux de Hollande.

Et maintenant, dans ma poche de poitrine, se trouvaient, écrites sur un petit morceau de papier à lettres étranger bon marché, les nouvelles que j'étais venu chercher à Groningue. Pourtant, le message était si trivial, si absurde, si déroutant que je sentais déjà mon voyage en Hollande comme une course infructueuse.

J'ai trouvé Dicky gros et en pleine santé dans ses quartiers du camp d'internement. Il savait seulement que Francis avait disparu. Quand je lui ai raconté ma rencontre avec Red Tabs au Bath Club, les paroles que ce dernier m'avait adressées au moment de me séparer et ma propre conviction en la matière, il a sifflé, puis il a eu l'air grave.

Il est allé droit au but avec son bluff direct.

« Je vais d'abord te raconter une histoire, Desmond, me dit-il, puis je te montrerai un morceau de papier. C'est à toi de décider si les deux ensemble concordent avec ta théorie sur la disparition du pauvre Francis. Jusqu'à présent, je dois l'avouer — j'avais eu tendance à écarter la seule référence que ce document semble faire à votre frère comme une simple coïncidence de noms, mais ce que vous m'avez dit rend les choses intéressantes — par Jupiter, c'est le cas, cependant Eh bien, voici le fil tout d'abord.

"Votre frère et moi avons eu des relations dans le passé avec un Hollandais du secteur automobile à Nymwegen , du nom de Van Urutius . Il est souvent venu nous voir à Coventry autrefois et Francis est resté avec lui à Nymwegen une ou plusieurs fois. deux fois en revenant d'Allemagne — Nymwegen , vous le savez, est proche de la frontière allemande. Le vieux Urutius a été très honnête avec moi depuis que je suis en prison ici et il y est revenu plusieurs fois, généralement avec une boîte ou deux de ces de bons cigares hollandais."

"Dicky," l'interrompis-je, "continuez avec l'histoire. Qu'est-ce que tout cela a à voir avec Francis ? Le document..."

« Détends-toi, mon garçon ! » fut la réponse imperturbable, "laissez-moi filer mon fil à ma manière. J'arrive au morceau de papier....

"Eh bien, le vieux Urutius est venu me voir il y a dix jours. Tout ce que je savais de François , je lui avais dit, à savoir que François était entré dans l'armée et avait disparu. Ce n'était pas l'affaire du vieux Mynheer si François était dans l'armée. Le renseignement, donc je ne lui ai pas dit ça. Van U. est un ami fidèle des Anglais, mais vous connaissez le dicton selon lequel si un homme ne sait pas, il ne peut pas se séparer.

"Mon vieux copain hollandais est donc arrivé ici il y a dix jours. Il bouillonnait d'excitation. 'M. Allerton' dit-il, 'j'ai un écrit, un écrit des plus mystérieux - un je pense, de Francis Okewood .'

"Je suis resté silencieux. S'il y avait des révélations à venir, elles seraient néerlandaises, pas britanniques. Là-dessus, j'étais résolu.

"'J'ai reçu ;' continua le vieux Hollandais, de Gaire beaucoup de colis de boucliers métalliques, de plaques, comment vous les appelez , en étain, *hein ?* Qu'est-ce que j'ai besoin pour annoncer mon affaire. Ils arrivent la semaine dernière, j'ouvre le colis moi-même et sur le dessus. est l'enveloppe avec la facture.

" Mynheer a fait une pause ; il a un bon sens du dramatique.

"' Eh bien , ai-je dit, est-ce que ça vous a mordu ou a dit " Gott mitraille l'Angleterre ? " Ou quoi ? "

"Van Urutius a ignoré ma désinvolture et a repris. 'J'ouvre l'enveloppe et là, dans la facture, je trouve cette écriture — ici !'

"Et ici," dit Dicky en plongeant dans sa poche, "c'est l'écriture !"

Et il fourra dans ma main tendue avec empressement une très fine demi-feuille de papier à lettres étranger, de ce genre de papier à lettres vernissé bon marché qu'on trouve dans les cafés du continent lorsqu'on demande du matériel pour écrire.

Trois lignes d'allemand, écrites en caractères allemands courants à l'encre violette sous le nom et l'adresse de Mynheer van Urutius ... c'était tout.

Mon cœur se serra de déception et de misère en lisant l'inscription.

Voici le document:

Herr Willem van Urutius ,
Automobilgeschäft ,
Nymwegen .
Alexandrtr-Straat 81 bis.

Berlin, Iten 16 juillet .

Ô Eichenholz ! Ô Eichenholz !
Nous lisons si deine Blätter .

Wie Achiles in dem Zelte .

Wo zweie si bien Zanken
Erfreut sich der Dritte .

(Traduction.)

M. Willem van Urutius ,
agent automobile,
Nymwegen .
81 bis *Alexander- Strat* .

Berlin, le 1er juillet 16.

Ô Chêne ! Ô Chêne,
Comme tes feuilles sont vides.

Comme Achille sous la tente.

Quand deux personnes se disputent,
le troisième se réjouit.

J'ai regardé ce document absurde en silence. Mes pensées étaient presque trop amères pour que je puisse les décrire.

Enfin, j'ai parlé.

"Qu'est-ce que tout ce charabia a à voir avec Francis, Dicky ?" Ai-je demandé, essayant en vain de réprimer l'amertume de ma voix. "Cela ressemble à une liste de maximes de cahier pour les cartes publicitaires de votre ami néerlandais..."

Mais je suis revenu à l'étude du morceau de papier.

"Pas si vite, vieil oiseau," répondit froidement Dicky, "laisse-moi finir mon histoire. Le vieux bâton dans la boue est beaucoup plus astucieux qu'on ne le pense.

" 'Quand j'ai lu l'écrit,' m'a-t-il dit, 'je pense qu'il est tout à fait voleur , mais ensuite je me demande : qui mettra du crime dans mes factures ? Et puis je lis l'écrit encore et encore, et puis je vois il est un message.'"

« Arrête, Dicky ! » J'ai crié : "Bien sûr, quel con je suis ! Pourquoi *Eichenholz* ..."

"Exactement", rétorqua Dicky, "comme le vieux Mynheer fut le premier à le voir, *Eichenholz* traduit en anglais par 'Oak-tree' ou 'Oak-wood', en d'autres termes, Francis."

"Alors, Dicky…" l'interrompis-je.

"Juste une minute", dit Dicky en levant la main. "J'avoue que j'ai pensé, en voyant pour la première fois ce message ou quoi que ce soit, qu'il devait y avoir simplement une coïncidence de nom et que les gribouillages inutiles de quelqu'un s'étaient retrouvés dans la facture du vieux van U.. Mais maintenant que vous me l'avez dit que François soit effectivement entré en Allemagne, alors, je dois dire, il semble que ce soit une tentative de sa part de communiquer avec son pays. »

"D'où vient le paquet d'affaires du Hollandais ?" J'ai demandé.

"De la Berlin Metal Works à Steglitz , dans la banlieue de Berlin : il s'en occupe depuis des années."

"Mais alors qu'est-ce que tout le reste veut dire... tout cela à propos d'Achille et le reste ?"

« Ah, Desmond ! fut la réponse de Dicky, "c'est là que vous êtes non seulement moi, mais aussi Mynheer van Urutius ."

"'Ô bois de chêne ! Ô bois de chêne, comme tes feuilles sont vides !'.... Cela ressemble à une raillerie, tu ne trouves pas, Dicky ?" dis-je.

" *Ou* un aveu d'échec de François... pour nous faire savoir qu'il n'a rien fait, ajoutant qu'il boude donc 'comme Achille dans sa tente'."

"Mais, regarde, Richard Allerton," dis-je, "Francis n'épelerait jamais 'Achille' avec un 'l'... maintenant, n'est-ce pas ?"

"Par jupiter!" dit Dicky en regardant à nouveau le journal, personne ne le ferait, sauf une personne très peu instruite. Je ne connais rien à l'allemand, mais dites-moi, est-ce la main d'un Allemand instruit ? Est-ce l'écriture de Francis ?

"Certes, c'est une main instruite," répondis-je, "mais je suis déçu si je peux dire s'il s'agit de l'écriture allemande de François : cela ne peut guère être le cas, car, comme je l'ai déjà remarqué, il épelle "Achille" avec un 'je.'"

Puis le brouillard nous envahit à nouveau. Nous nous sommes assis, impuissants, et avons regardé le journal fatidique.

"Il n'y a qu'une chose à faire, Dicky," dis-je finalement, "je vais ramener la chose en fleurs à Londres avec moi et la remettre aux services secrets. Après tout, Francis a peut-être un code avec eux. Peut-être qu'ils le feront. voyons la lumière là où nous tâtonnons dans l'obscurité.

"Desmond", dit Dicky en me tendant la main, "c'est la suggestion la plus sensée que vous ayez jamais faite. Rentrez chez vous et bonne chance à vous. Mais promettez-moi que vous reviendrez ici et me direz si ce morceau de papier vous rapporte quelque chose." la nouvelle que ce cher vieux Francis est vivant.

donc quitté Dicky mais je ne suis pas rentré chez moi. Je n'étais pas destiné à revoir ma maison pendant de longues semaines.

CHAPITRE III

UN VISITEUR DANS LA NUIT

Une volée d'invectives venant du coffre du taxi – un mauvais langage en néerlandais est terriblement efficace – m'a tiré de mes réflexions. Le taxi, une petite caisse inconfortable qui sentait le moisi, s'arrêta avec un sursaut qui me projeta en avant. Dans l'obscurité extérieure, une furieuse altercation retentit au-dessus du clapotis de la pluie. J'ai regardé à travers les vitres ruisselantes des fenêtres mais je n'ai rien pu distinguer à part le flou jaune d'une lampe. Puis une sorte de véhicule parut s'éloigner devant nous, car j'entendis le grincement des roues contre le trottoir , et ma voiture s'arrêta jusqu'au trottoir.

En descendant, je me trouvai dans une rue étroite et sombre, bordée de hautes maisons de chaque côté. Une lampe crasseuse sur laquelle était peint le mot « Hôtel » en caractères à moitié effacés pendait au-dessus de ma tête, annonçant que j'étais arrivé à destination. Alors que je payais le cocher, un autre taxi est passé. C'était apparemment celui avec lequel mon Jéhu avait eu des paroles, car il se retournait et criait des injures jusque dans la nuit.

Mon cocher partit, me laissant à mes pieds mon sac sur le trottoir, regardant une étroite porte sale, dont la moitié supérieure était remplie de verre dépoli. Je me rendis enfin compte que moi, Anglais, j'allais passer la nuit dans un hôtel allemand qui m'avait été spécialement recommandé par un porteur allemand, étant entendu que j'étais allemand. Je savais que, conformément aux règles de neutralité néerlandaises, mon passeport devait être remis à la police pour contrôle et que je ne pouvais donc pas me faire passer pour un Allemand.

"Bah!" Je me suis dit pour me donner du courage, "c'est un pays libre, un pays neutre. Ils peuvent être offensants, ils peuvent vous surfacturer, dans un hôtel Hun, mais ils ne peuvent pas vous manger. En plus, n'importe quel lit dans une nuit comme celle-ci !" et j'ai poussé la porte.

À l'intérieur, l'hôtel s'est avéré bien meilleur que son extérieur peu attrayant promis. Il y avait un petit vestibule avec une petite cage de verre représentant un bureau d'un côté et au-delà un escalier à l'ancienne, avec un bouton de verre sur le montant au pied, qui serpentait vers les étages supérieurs.

Au bruit de mes pas sur le sol en mosaïque, un serveur sortit d'un petit réduit sous l'escalier. Il avait un tablier bleu autour de la taille, mais pour le reste, il portait le manteau court et la cravate blanche et épaisse du garçon de l'hôtel Continental. Ses mains étaient crasseuses de marques noires, tout comme son tablier. Il était apparemment en train de nettoyer des bottes.

C'était un grand et gros homme blond avec de petits yeux étroits et cruels. Ses cheveux étaient si courts que sa tête semblait rasée. Il s'avança rapidement vers moi et me demanda en allemand d'une voix truculente ce que je voulais.

J'ai répondu dans la même langue, je voulais une chambre.

Il m'a jeté un regard à travers ses petits yeux fendus en entendant mon bon accent de Bonn, mais son attitude n'a pas changé.

"L'hôtel est plein. Ce monsieur ne peut pas avoir de lit ici. La propriétaire est absente en ce moment. Je regrette..." Il cracha tout cela avec l'air insolent et désinvolte du fonctionnaire prussien.

"C'est Franz, du Bopparder Hof, qui m'a recommandé de venir ici", dis-je. Je n'allais pas repartir sous la pluie pour toute une armée de serveurs prussiens.

"Il m'a dit que Frau Schratt me mettrait très à l'aise", ai-je ajouté.

L'attitude du serveur changea aussitôt.

"Alors, alors," dit-il - assez cordialement cette fois - "c'est Franz qui nous a envoyé ce monsieur. C'est un bon ami de la maison, c'est Franz. Oui, Frau Schratt est malheureusement sortie à l'instant, mais dès que dès que la dame reviendra , je lui dirai que vous êtes ici. En attendant, je donnerai une chambre à monsieur.

Il m'a remis un chandelier et une clé.

"Alors," grogna-t-il, "N° 31, le troisième étage."

Une horloge sonnait l'heure quelque part au loin.

"Déjà dix heures", dit-il. " Les papiers de monsieur peuvent attendre jusqu'à demain, il est si tard. Ou peut-être que monsieur les donnera à la propriétaire. Elle doit venir d'un moment à l'autre. "

Tandis que je montais l' escalier en colimaçon , je l'entendis murmurer à nouveau :

"Alors, donc, Franz l'a envoyé ici ! Ach, der Franz !"

Dès que je fus hors de vue de la salle éclairée , je me trouvai dans l'obscurité totale. À chaque atterrissage, un jet de gaz, descendu bas, projetait une lumière faible et vacillante à quelques mètres à la ronde. Au troisième étage, j'ai pu distinguer aux rayons du gaz une petite plaque fixée au mur portant une flèche pointant vers la droite au-dessus des chiffres : 46-30.

Je me suis arrêté pour allumer une allumette pour allumer ma bougie. L'hôtel tout entier semblait enveloppé de silence, le seul bruit étant celui de l'eau qui ruisselait dans les gouttières. Puis, dans l'obscurité de l'étroit couloir qui s'étendait devant moi, j'entendis le cliquetis d'une clé dans une serrure.

J'avançai dans le couloir, la pâle lueur de ma bougie me montrant tandis que je passais devant une succession de portes jaunes, chacune portant une assiette en porcelaine blanche inscrite d'un numéro en noir. Le n° 46 était la première chambre à droite en partant du palier : les numéros pairs étaient à droite, les impairs à gauche : je comptais donc trouver ma chambre la dernière à gauche au fond du couloir.

Le couloir prit alors un virage serré. En tournant le virage, j'entendis de nouveau le bruit d'une clé, puis le cliquetis d'une poignée de porte, mais le couloir se courbant à nouveau, je ne pus voir l'auteur du bruit avant d'avoir tourné le coin.

Je suis tombé sur un homme qui tâtonnait devant une porte du côté gauche du couloir, l'avant-dernière porte. Un miroir au bout du couloir captait et renvoyait le reflet de ma bougie.

L'homme a levé les yeux à mon approche. Il portait un doux chapeau de feutre noir et un pardessus noir et à son bras pendait un parapluie ruisselant de pluie. Son chandelier était posé par terre, à ses pieds. Il semblait qu'il venait de s'éteindre, car mes narines reniflaient l' odeur du suif brûlé.

« Vous avez de la lumière ? » » dit l'étranger en allemand d'une voix curieusement essoufflée. "Je viens de monter et le vent a éteint ma bougie et je n'ai pas pu ouvrir la porte. Peut-être que tu pourrais..." Il s'interrompit haletant et porta la main à son cœur.

"Permettez-moi", dis-je. La serrure de la porte était inversée et pour ouvrir la porte il fallait insérer la clé à l'envers. Je l'ai fait et la porte s'est ouverte facilement. En reculant, j'ai remarqué que le numéro de la chambre était le 33, à côté de la mienne.

« Puis-je vous être utile ? Vous ne vous sentez pas bien ? Dis-je en levant en même temps ma bougie et en scrutant les traits de l'inconnu.

C'était un jeune homme aux cheveux noirs coupés court, aux yeux noirs et fins et au nez aquilin avec un profond sillon entre les sourcils. La fraîcheur de ses cheveux et ses pommettes saillantes évoquaient le sang juif. Son visage était très pâle et ses lèvres bleuâtres. J'ai vu la sueur briller sur son front.

"Merci, ce n'est rien", répondit l'homme de la même voix essoufflée. "Je suis seulement un peu essoufflé à force de porter mon sac à l'étage. C'est tout."

"Vous devez être arrivé juste avant moi", dis-je, me souvenant du taxi qui s'était éloigné de l'hôtel alors que j'arrivais.

"C'est vrai", répondit-il en ouvrant sa porte tout en parlant. Il disparut dans l'obscurité de la pièce et soudain la porte se referma avec un claquement qui se répercuta dans toute la maison.

Comme je l'avais calculé, ma chambre était à côté de la sienne, la pièce du fond du couloir. Cela sentait horriblement le renfermé et le moisi et la première chose que j'ai faite a été de me diriger vers les fenêtres et de les ouvrir en arrière.

Je me suis retrouvé à regarder à travers un canal sombre et étroit, sur l'eau stagnante duquel se dessinaient les formes noires de grandes barges, dans les fenêtres des maisons décharnées et tachées par les intempéries de l'autre côté du chemin. Aucune lumière ne brillait dans aucune fenêtre. Au loin, la même horloge que j'avais entendue auparavant sonnait les quarts – un carillon unique et clair.

C'était la chambre habituelle de la *maison meublée* : moquette usée, papier peint décoloré et terne, rideaux en reps décolorés et châlit en acajou avec un vaste *édredon* , comme une pelote à épingles géante. Ma bougie, qui s'écoulait sauvagement sous la brise inhabituelle qui soufflait dans la chambre, était la seule source d'éclairage. Il n'y avait ni gaz ni lumière électrique allumés.

La maison était revenue au calme. La chambre avait un aspect mauvais et cela, combiné à l'air humide du canal, donnait à mes pensées une teinte sombre .

"Eh bien, me suis-je dit, tu es un gentil connard ! Te voilà, un officier britannique, te faisant passer pour un frère Hun dans un hôtel hun acharné, avec un serveur qui ressemble au bourreau officiel prussien. " Que va-t-il t'arriver, mon jeune homme, quand Madame viendra et découvrira que tu as un passeport britannique ? Une bien jolie marmite de poisson, je dois dire ! "

" Et supposons que Madame se mette en tête de venir ici ce soir, qu'elle vous bluffe et qu'elle convoque le gentil Hans ou Fritz ou quel que soit le nom de ce serveur voyou pour qu'il monte et règle votre histoire ! Quel genre de bagarre êtes-vous ? allez-vous vous installer dans ce couloir étroit avec un Hun à côté et probablement de chaque côté de vous, et aucune sortie par ici ? Vous ne connaissez personne à Rotterdam et personne n'en saura rien si vous disparaître de la surface de la terre... en tout cas, personne de ce côté de l'eau.

Commençant à me déshabiller, j'ai remarqué une petite porte sur le côté gauche du lit. Je l'ai trouvé ouvert sur un petit *cabinet de toilette* , une pièce étroite avec un lavabo et une fenêtre très sale recouverte de papier jaune. J'ai ouvert cette fenêtre avec beaucoup de difficulté - elle n'avait pas pu être ouverte depuis des années - et j'ai trouvé qu'elle donnait sur une cour intérieure très petite et très profonde, juste un conduit d'air autour duquel la maison était construite. Au fond se trouvait une petite cour pavée ne mesurant pas plus de cinq pieds carrés, entièrement isolée, à l'exception d'un côté où se trouvait une fenêtre du sous-sol avec une volée de marches menant de la cour à travers une grille en fer. De cette fenêtre, une faible traînée de lumière jaune était visible. L'air était humide et froid et d'horribles odeurs de cuisine sale flottaient dans le puits. Alors j'ai fermé la fenêtre et j'ai commencé à me coucher.

J'ôtai mon manteau et mon gilet, puis je repensai au mystérieux document que j'avais reçu de Dicky. Une fois de plus, je regardai ces mots énigmatiques :

Ô bois de chêne ! Ô bois de chêne (car cela était clair),
comme tes feuilles sont vides.
Comme Achiles (avec un "l") *dans la tente.*
Quand deux personnes se disputent, le troisième se réjouit.

Qu'est-ce que tout cela signifiait ? François s'était-il brouillé avec quelque complice qui, après s'être vengé en dénonçant mon frère, prenait cette mesure extraordinaire pour annoncer le sort de sa victime aux amis de celle-ci ? "Comme Achille sous la tente !" Pourquoi pas « dans *sa* tente » ? Sûrement...

Un curieux bruit d'étouffement, le bruit d'une toux étranglée, rompit soudain le profond silence de la maison. Mon cœur sembla s'arrêter un instant. J'osais à peine lever les yeux du journal que je trichais, penché sur la table, en chemise et en pantalon.

Le bruit continuait, un gargouillis hideux et profond. Puis j'entendis un léger bruit de pas dans le couloir extérieur.

J'ai levé les yeux vers la porte.

Quelqu'un ou quelque chose grattait les panneaux, furieusement, frénétiquement.

La poignée de porte claqua bruyamment. Le bruit s'interrompit de manière rauque sur cet horrible gargouillis extérieur. Cela a brisé le sort qui m'enchaînait.

Je me dirigeai résolument vers la porte. Alors même que je m'avançais, le gargouillis se transforma en un cri étranglé.

"Ach! ich sterbe " furent les mots que j'entendis.

Puis la porte s'est ouverte avec fracas, il y a eu un courant de vent et de pluie dans la pièce, les rideaux des fenêtres ont battu follement.

La bougie s'enflamma sauvagement.

Puis il s'est éteint.

Quelque chose tomba lourdement dans la pièce.

CHAPITRE IV

LE DESTIN FRAPPE À LA PORTE

Il y a au moins deux choses que la guerre moderne vous enseigne : l'une est de rester calme en cas d'urgence, l'autre est de ne pas avoir peur d'un cadavre. Je ne fus donc guère surpris de me retrouver là, dans le noir, à examiner calmement la situation extraordinaire dans laquelle je me trouvais maintenant. C'est ce qu'il y a de curieux à propos d'un choc d'obus : après cela, un pétarade de moteur ou un pneu éclaté fera pleurer un homme, mais face au danger, il se retrouvera probablement en pleine possession de ses esprits tant qu'il n'y aura pas de choc soudain. et un bruit violent qui y est associé.

Aussi brefs que fussent les bruits extérieurs, je fus capable, après réflexion, d'identifier ce gargouillis haletant, ce crépitement rapide des mains. Quiconque a vu un homme mourir rapidement le connaît. En conséquence, j'ai supposé que quelqu'un était venu à ma porte au moment de mourir, probablement pour demander de l'aide.

Puis je pensais à l'homme d'à côté, à son essoufflement douloureux, à ses lèvres bleuâtres, quand je le trouvais aux prises avec sa clé, et je devinai qui était mon visiteur nocturne étendu dans le noir à mes pieds.

Protégeant la bougie avec ma main, je l'ai rallumée. Ensuite, j'ai lutté contre les rideaux qui claquaient et j'ai fermé les fenêtres. Alors seulement j'ai levé ma bougie jusqu'à ce que ses rayons éclairent la silhouette silencieuse allongée sur le seuil de la pièce.

C'était l'homme du numéro 33. Il était pratiquement mort. Son visage était livide et déformé, ses yeux vitreux entre les paupières mi-closes, tandis que ses doigts, toujours serrés avec raideur, montraient de la peinture, du vernis et de la poussière sous les ongles où il avait tapoté sur la porte et le tapis dans son agonie.

Il n'était pas nécessaire d'être médecin pour constater qu'une crise cardiaque l'avait rapidement et soudainement frappé.

Maintenant que je connaissais le pire, j'ai agi avec décision. J'ai traîné le corps par les épaules dans la pièce jusqu'à ce qu'il repose au centre du tapis. Puis j'ai verrouillé la porte.

Le pressentiment du mal qui avait jeté son ombre noire sur mes pensées dès le moment où j'avais franchi le seuil de ce sinistre hôtel m'envahit de nouveau avec force. En fait, ma position n'était pour le moins guère enviable. Me voici, un officier britannique avec des papiers d'identité britanniques, sur le point d'être découvert dans un hôtel allemand, dans lequel je m'étais introduit sous de faux prétextes , en pleine nuit, seul avec le cadavre d'un Allemand ou d'un Autrichien (car tels sont les morts). l'homme l'était apparemment) !

C'était sans aucun doute une solution des plus délicates.

J'ai écouté.

Tout dans l'hôtel était silencieux comme une tombe.

Je me détournai de mes sombres pressentiments pour regarder à nouveau l'étranger. Dans ses cheveux noirs et ses pommettes légèrement saillantes, j'ai retrouvé la trace d'ascendance juive que j'avais remarquée auparavant. Maintenant que les yeux de l'homme – ses grands yeux pensifs qui m'avaient fixé dans l'obscurité du couloir – étaient fermés, il avait l'air beaucoup moins étranger qu'auparavant : en fait , il aurait presque pu passer pour un Anglais.

C'était un jeune homme – à peu près de mon âge, estimai-je – (j'aurai vingt-huit ans le prochain anniversaire) et à peu près de ma propre taille, qui mesure cinq pieds dix. Il y avait quelque chose dans son apparence et sa carrure qui touchait très légèrement une corde sensible dans ma mémoire.

L'avais-je déjà vu ?

Je me souvenais maintenant que j'avais remarqué quelque chose d'étrangement familier chez lui lorsque je l'avais vu pour la première fois pendant ce bref instant dans le couloir.

Je le regardai de nouveau alors qu'il était allongé sur le dos sur le tapis décoloré. J'ai rapproché la bougie et j'ai scanné ses traits.

Il avait certainement l'air moins étranger qu'avant. Après tout, ce n'est peut-être pas un Allemand : plutôt un Hongrois ou un Polonais, peut-être même un Néerlandais. Son allemand était trop parfait pour un Français, voire pour un Hongrois d'ailleurs.

Je me suis penché sur mes genoux pour atténuer ma position exiguë. Ce faisant, j'aperçus le visage de trois quarts de l'inconnu.

Pourquoi! Il m'a rappelé un peu Francis !

Il y avait certainement une allusion à mon frère dans l'apparence de cet homme. Était-ce les épais cheveux noirs, la petite moustache brune ? Était-ce la bouche bien ciselée ? C'était plutôt une allusion à Francis qu'une ressemblance avec lui.

L'inconnu était entièrement habillé. La veste de son costume en serge bleue était ouverte et j'aperçus un portefeuille dans la poche intérieure de la poitrine. Voilà, pensai-je, cela pourrait être un indice sur l'identité du mort.

J'ai repêché le portefeuille, puis j'ai rapidement passé mes doigts dans les autres poches de l'étranger.

J'ai laissé le portefeuille pour la fin.

Les poches de la veste ne contenaient rien d'autre qu'un mouchoir de soie blanche sans marque. Dans la poche supérieure droite du gilet se trouvait un étui à cigarettes en argent, parfaitement simple, contenant une demi-douzaine de cigarettes. J'en ai sorti un et je l'ai regardé. C'était une Melania, une cigarette que je connais car ils les stockent dans l'un de mes clubs, le Dionysus, et c'est probablement le seul endroit à Londres où l'on peut se procurer la marque.

On aurait dit que mon ami inconnu venait de Londres.

Il y avait aussi une montre en argent ordinaire de fabrication suisse.

Dans la poche du pantalon se trouvaient de la monnaie, un peu d'argenterie et de cuivre anglais, de l'argenterie hollandaise et du papier-monnaie. Dans la poche droite du pantalon se trouvait un trousseau de clés.

C'était tout.

Je pose les différents articles par terre à côté de moi. Puis je me suis levé, j'ai posé la bougie sur la table, j'ai approché la chaise et j'ai ouvert le portefeuille.

Dans une petite poche du rabat intérieur se trouvaient des cartes de visite. Certains étaient simplement gravés du nom en minuscules :

Dr Semlin

D'autres étaient plus détaillés :

Dr Semlin , Brooklyn, NY
The Halewright Mfg. Co., Ltd.

Il y avait aussi une demi-douzaine de cartes privées :

Dr Semlin , 333 E. 73rd St., New York.
Maison de parc Rivington.

Dans le paquet de cartes se trouvait une carte solitaire, plus grande que les autres, une affaire coûteuse sur carton épais et hautement vernissé, portant en caractères gothiques le nom :

Otto von Steinhardt.

Sur cette carte était écrit au crayon, au dessus du nom :

"Hôtel Sixt , Vos in't Tuintje ", et entre parenthèses, ainsi : "(Mme. Anna Schratt .)"

Dans une autre poche du portefeuille se trouvait un passeport américain surmonté d'un aigle flamboyant et scellé d'un vaste sceau rouge, adressant à tous les salutations de la part d'Henry Semlin , citoyen américain, en voyage en Europe. Les détails dans le corps du document indiquent qu'Henry Semlin est né à Brooklyn le 31 mars 1886, que ses cheveux étaient noirs, le nez aquilin, le menton ferme et qu'il n'avait aucune marque spéciale. La description suffisait pour me montrer que c'était sans doute le corps d'Henry Semlin qui gisait à mes pieds.

Le passeport avait été délivré à Washington trois mois plus tôt. Le seul *visa* qu'il portait était celui de l'ambassade américaine à Londres, daté de deux jours auparavant. Il était accompagné d'un permis britannique, délivré à Henry Semlin , fabricant, lui accordant le pouvoir de quitter le Royaume-Uni pour se rendre à Rotterdam, ainsi qu'une facture pour un déjeuner servi à bord du bateau à vapeur royal néerlandais *Koningin . Regentes* à la date d'hier.

Au cours des longues et angoissantes semaines qui ont suivi cette nuit anxieuse à l'Hôtel des Vos , Tuintje , je me suis souvent demandé à quelles impulsions malveillantes, à quelle impulsion insensée je devais l'idée qui a soudainement germé dans mon cerveau alors que j'étais assis à tripoter la trousse aux lettres du mort dans cette pièce sordide. L'impulsion a surgi dans mon cerveau comme un éclair et, comme un éclair, j'ai agi en conséquence, même si j'ai du mal à croire que j'avais l'intention de la poursuivre jusqu'à sa conclusion logique jusqu'à ce que je me retrouve une fois de plus devant la porte de ma chambre.

L'examen des papiers du mort m'avait montré qu'il s'agissait d'un homme d'affaires américain, qui venait tout juste d'arriver de Londres et qui venait tout juste de quitter les États-Unis pour l'Angleterre.

Ce qui m'a intrigué, c'est pourquoi un fabricant américain, apparemment solide et convenablement habillé, devrait se rendre dans un hôtel allemand sur la recommandation d'un Allemand, d'après son nom et le style de sa carte de visite, un homme de bonne famille.

Semlin aurait pu, bien sûr, être, comme moi, un voyageur ignorant à Rotterdam, dû à la recommandation de cet hôtel par une connaissance allemande de la ville. Pourtant, les Américains sont des gens prudents et j'ai trouvé plutôt improbable que cet homme d'affaires américain s'aventure dans cette maison sinistre avec une grosse somme d'argent sur lui - il avait plusieurs centaines de livres d'argent en billets de banque néerlandais dans un épais paquet. bourrer dans son portefeuille.

Je savais que les autorités britanniques décourageaient, autant qu'elles le pouvaient, les neutres voyageant entre l'Angleterre et l'Allemagne en temps de guerre. Il est possible que Semlin souhaitait faire des affaires en Allemagne lors de son voyage en Europe ainsi qu'en Angleterre. Connaissant l'attitude des autorités britanniques, il se peut qu'il ait pris ses dispositions en Hollande pour entrer en Allemagne, de peur que la police britannique n'ait vent de son intention et ne l'empêche de traverser vers Rotterdam.

Mais son allemand était impeccable, sans aucune trace d'américanisme dans la voix ou l'accent. Et je savais à quel point les services secrets allemands avaient fait un bon usage des passeports neutres dans le passé. J'ai donc décidé d'aller à côté et de jeter un œil aux bagages du Dr Semlin . Au fond de mon esprit se trouvait toujours cette résolution farfelue, encore à moitié formée mais néanmoins fermement ancrée dans ma tête.

Reprenant ma bougie, je sortis furtivement de la pièce. Alors que je me tenais dans le couloir et que je me tournais pour verrouiller la porte de la chambre derrière moi, le miroir au bout du passage a capté le reflet de ma bougie.

J'ai regardé et je me suis vu dans le verre, un visage blanc et fixe.

J'ai regardé à nouveau. Puis j'ai compris l'énigme qui m'avait intrigué sur le visage mort de l'étranger dans ma chambre.

Ce n'était pas le visage de François que suggéraient ses traits.

C'était à moi !

L'instant d'après, je me trouvais au numéro 33. Je ne voyais aucun signe de la clé de la chambre ; Semlin a dû le laisser tomber lors de sa chute, il m'a donc fallu me dépêcher de peur d'une interruption fâcheuse. Je n'avais pas encore entendu onze heures sonner à l'horloge.

Le chapeau et le pardessus de l'étranger gisaient sur une chaise. Le chapeau venait de chez Scott : il n'y avait rien à part une paire de gants de cuir dans les poches du pardessus.

Un sac, d'une taille intermédiaire entre celle d'un petit sac et d'un grand sac à main, était ouvert sur la table. Il contenait quelques articles de toilette, un pyjama , une chemise propre, une paire de chaussons, ... rien d'important et pas un bout de papier d'aucune sorte.

J'ai tout revu, j'ai regardé dans le sac en éponge, j'ai ouvert l'étui du rasoir de sécurité, j'ai secoué la chemise, et finalement j'ai tout sorti du sac et j'ai empilé les choses sur la table.

Au fond du sac j'ai fait une étrange découverte. L'intérieur du sac était recouvert de ce mince matériau semblable à une toile jaune avec lequel presque tous les sacs bon marché, comme celui-ci, sont doublés. Au fond du sac, un morceau oblong de la doublure avait apparemment été arraché. Le cuir du sac apparaissait à travers la fente. Pourtant, la doublure sur les bords de l'espace ne présentait aucun effilochage, aucune trace d'usage brutal. Au contraire, les bords étaient soigneusement collés sur le cuir.

J'ai soulevé le sac et l'ai examiné. Ce faisant, j'aperçus, posé sur la table à côté, un rectangle de toile jaune. Je l'ai ramassé et j'ai trouvé le dessous taché de pâte et le marron du cuir.

C'était le morceau de doublure manquant et il était raide avec quelque chose qui craquait à l'intérieur.

J'ai fendu le morceau de toile d'un côté avec mon canif. Il contenait trois longs fragments de papier, un papier épais, coûteux et très glacé. Les côtés supérieur, inférieur et gauche de chacun étaient soignés et brillants : le quatrième côté présentait un bord cassé comme s'il avait été grossièrement coupé avec un couteau. Les trois bouts de papier étaient les moitiés de trois feuilles d'écriture in-quarto, déchirées en deux, dans le sens de la longueur, de haut en bas.

Au sommet de chaque feuillet se trouvait une sorte de crête en or, ce qu'il n'était pas possible de déterminer, car la crête se trouvait au centre de la feuille et la coupe la traversait de part en part.

La lettre était écrite en anglais mais le nom du destinataire ainsi que la date figuraient sur la moitié manquante.

Quelque part, dans le silence de la nuit, j'entendis une porte claquer. Je fourrai les bouts de papier recouverts de toile dans la poche de mon pantalon. Je ne dois pas être trouvé dans cette pièce. Les mains tremblantes , j'ai commencé à remettre les affaires dans le sac. Ces bouts de papier, pensais-je en travaillant, déchiraient au moins le voile de mystère qui enveloppait le cadavre qui gisait raidi dans la pièce voisine. Ceci, en tout cas, était certain : Allemand, Américain ou trait d'union, Henry Semlin , fabricant et espion, avait voyagé d'Amérique en Angleterre non pas dans un but commercial mais pour mettre la main sur ce document mutilé qui repose maintenant dans ma poche. Pourquoi il n'avait reçu que la moitié de la lettre et ce qui était arrivé à l'autre moitié, c'était plus que je ne pourrais dire... il me suffisait de savoir que son importance pour quelqu'un était suffisante pour justifier un voyage en son nom d'un côté à l'autre. autre de l'Atlantique.

En ouvrant le sac, mes doigts rencontrèrent une substance dure, comme du métal, incrustée dans le jeu de la muqueuse des articulations de la bouche. Au début , j'ai pensé que c'était une pièce de monnaie, puis j'ai senti une sorte de fermoir ou d'attache derrière et cela semblait être une broche. Mon couteau de poche sortit à nouveau et là se trouvait une petite étoile argentée, à peu près aussi grande qu'un insigne de casquette régimentaire, incrustée dans la fine toile. Il portait une inscription. En lettres au pochoir , je lis :

O2   G

Env. VII.

Voilà la véritable carte de visite du docteur Semlin .

Je tenais à la main un insigne de la police secrète allemande.

On ne peut pénétrer loin dans les coulisses de l'Allemagne sans croiser les traces de la septième section de la présidence de la police de Berlin, celle que l'on appelle par euphémisme celle de la police politique. Apparemment, il veille à la sécurité du monarque et des personnages distingués en général, et la nombreuse suite qui accompagnait le Kaiser lors de ses visites en Angleterre comprenait invariablement deux ou trois représentants haut de forme de la section.

Les ramifications de *l'Abteilung Sieben* sont en réalité bien plus larges. Il accomplit un travail en rapport avec les journaux qui est même trop sale pour que le ministère allemand des Affaires étrangères puisse y toucher, allant du lancement d'attaques personnelles dans d'obscures feuilles de chantage contre des politiciens gênants jusqu'à l'escorte de correspondants étrangers désagréablement véridiques jusqu'à la frontière. C'est la servante obéissante du département de renseignement du War Office et de l'Amirauté en Allemagne, et elle rend fidèlement service à l'espionnage qui est constamment exercé sur les fonctionnaires, les hommes politiques, le clergé et le grand public dans ce pays à l'organisation minutieuse .

La section Sept est un vaste département souterrain. Travaillant toujours dans l'obscurité, son teint politique est un manteau pratique pour des activités plus noires et plus sinistres. On lui confie souvent des commissions dont il serait inutile que l'Allemagne officielle ait connaissance et que, par conséquent, l'Allemagne officielle peut toujours répudier en toute sécurité lorsque les circonstances l'exigent.

J'ai mis l'épingle de l'insigne dans mon appareil dentaire et je l'y ai attaché, j'ai mis le reste des effets du mort dans son sac, j'ai mis son chapeau sur ma tête et j'ai jeté son pardessus sur mon bras, j'ai ramassé son sac et je suis parti en rampant. Une minute plus tard, j'étais de retour dans ma chambre, le cerveau enflammé par le feu d'une grande entreprise.

Ici, dans ma main, se trouve la clé de ce pays verrouillé qui détenait le secret de mon frère perdu. La question que je me posais depuis que j'avais découvert les papiers d'identité américains du mort était la suivante. Ai-je eu le courage de profiter du passeport américain de Semlin pour entrer en Allemagne ? La réponse à cette question se trouvait dans le petit badge argenté. Je savais qu'aucun fonctionnaire allemand, quelle que soit sa position, quels que soient ses ordres, ne refuserait le passage à l'étoile d'argent de la section sept. Il ne faut l'utiliser aussi que comme une dernière ressource, car j'avais mes papiers comme neutres. Si seulement j'avais mis les pieds en Allemagne, j'étais tout à fait prêt à compter sur mon intelligence pour m'en sortir. Je savais qu'il y avait un avantage auquel je devais renoncer. C'était la demi-lettre dans son étui en toile.

Si ce document était important pour la section sept de la police allemande, alors il était tout aussi important, voire même plus important, pour mon pays. Si j'y allais, cela devrait rester en lieu sûr. Là-dessus, j'étais déterminé.

« Jamais auparavant, depuis le début de la guerre, me disais-je, un Anglais n'aurait eu une telle opportunité de pénétrer facilement et en toute sécurité dans cette terre jalousement gardée comme vous l'avez maintenant ! Vous avez beaucoup d'argent, avec votre propre et ceci… » et j'ai touché la liasse de notes de Semlin , « et pourvu que vous gardiez suffisamment la tête froide pour toujours vous rappeler que vous êtes un Allemand, une fois la frontière passée, vous devriez être en mesure de donner l'échappatoire aux Huns et d'essayer de suivez la trace du pauvre Francis.

"Et peut-être", ai-je ajouté plus loin (le meilleur jugement est si facilement vaincu quand on est jeune et déterminé à quelque chose), "peut-être que dans un environnement allemand, vous pourrez avoir un sens à ce mystérieux jingle que vous avez reçu de Dicky Allerton comme seul indice existant sur la disparition de Francis.

Néanmoins, j'ai hésité. Les risques étaient terribles. J'ai dû sortir de cet hôtel maléfique sous les traits du Dr Semlin , avec, comme seule garantie contre toute exposition, si je tombais avec les employeurs ou les amis du mort, cette légère ressemblance, peut-être imaginative, entre lui et moi : je Je devais prendre des mesures pour éviter que la fraude ne soit détectée lors de la découverte du corps dans l'hôtel : je devais avant tout m'assurer, avant de pouvoir me décider définitivement à poursuivre ma route vers l'Allemagne, si Semlin était déjà connu des gens de l'hôtel. l'hôtel ou si, comme je le supposais, c'était aussi sa première visite dans la maison des Vos en Tuintje .

Quoi qu'il en soit, j'étais tout à fait déterminé dans mon esprit que le seul moyen de sortir de là avec le document de Semlin sans désagréments considérables, voire sans danger grave, serait de me transférer son identité et ses effets et vice versa. Quand j'ai vu la voie un peu plus claire , j'ai pu décider si je devais prendre le risque suprême et m'aventurer dans le pays ennemi.

Quoi que j'allais faire, il ne me restait pas beaucoup d'heures de la nuit pour agir, et j'étais déterminé à sortir de cette maison de mauvais augure avant l'aube. Si je pouvais quitter l'hôtel et en même temps m'assurer que Semlin y était aussi étranger que moi, je pourrais décider de la suite de mon action dans la plus grande liberté des rues de Rotterdam. Une chose était sûre : le garçon avait laissé en suspens jusqu'au matin la question des papiers de Semlin , comme il l'avait fait pour moi, car Semlin avait toujours son passeport en sa possession.

Après tout, si Semlin était inconnu à l'hôtel, le serveur ne l'avait vu que le même bref instant que moi.

Ainsi je raisonnais et discutais avec moi-même, mais en attendant j'agissais. Je n'avais rien de compromettant dans ma valise, cela ne causait donc aucune difficulté. Mon passeport et mon permis britanniques ainsi que tout ce qui avait un rapport avec ma personnalité, comme ma montre et mon étui à cigarettes, tous deux gravés de mes initiales, j'ai été transféré dans les poches du mort. Alors que je me penchais sur la silhouette raide et froide, au visage livide et aux doigts crispés, je sentis une difficulté que j'avais jusqu'ici résolument évitée s'imposer directement au premier plan de mon esprit.

Qu'allais-je faire du corps ?

À ce moment, on frappa doucement.

Avec un serrement de cœur soudain , je me rappelai que j'avais oublié de verrouiller la porte.

CHAPITRE V

LA DAME DES VOS IN'T TUINTJE

Voilà que le Destin frappait à la porte. À cet instant, ma décision était prise. Pour le moment, en tout cas, j'avais toutes les cartes en main. Je blufferais ces lourds Huns : je le ferais avec effronterie : je serais Semlin et j'irais jusqu'au bout, oui, et si cela m'emmenait jusqu'aux portes de l'Enfer.

Les coups furent répétés.

« Peut-on entrer ? » dit une voix de femme en allemand.

J'ai marché sur le cadavre et j'ai ouvert la porte d'environ 30 cm.

Il y avait une femme avec une lampe. C'était une femme d'âge moyen avec un visage en forme d'œuf, grosse, blanche et bouffie, et des yeux pâles et rusés. Elle portait ses vêtements d'extérieur, avec un énorme chapeau d'aspect vulgaire et une cape en peau de phoque à l'ancienne avec un col haut. La cape, luisante de pluie, était entrouverte et laissait apparaître une vaste poitrine étroitement comprimée dans une blouse de soie blanche. Dans une main, elle tenait une lampe à huile.

"Frau Schratt ", dit-elle en guise d'introduction, et elle leva la lampe pour me regarder de plus près.

Puis j'ai vu son visage changer. Elle regardait derrière moi dans la pièce et je savais que la lumière de la lampe tombait en plein sur l'horrible chose qui gisait sur le sol.

J'ai réalisé que la femme était sur le point de crier, alors je l'ai saisie par le poignet. Elle avait des mains dégoûtantes, grosses et potelées, couvertes de bagues.

"Calme!" Je lui ai murmuré violemment à l'oreille, sans jamais relâcher ma prise sur son poignet. "Tu vas te taire et entrer ici, tu comprends ?"

Elle chercha à reculer devant moi, mais je la retins fermement et l'entraînai dans la pièce.

Elle se tenait immobile avec sa lampe, à la tête du cadavre. Elle semblait avoir repris son sang-froid. La femme n'avait plus peur. Je sentais instinctivement que ses craintes étaient uniquement liées à elle-même et non à cette horreur livide qui s'étalait sur le sol. Quand elle parlait, son attitude était presque professionnelle.

"On ne m'en a rien dit", a-t-elle déclaré. "Qui est-ce ? Que veux-tu que je fasse ?"

De toutes les sensations de cette nuit, aucune n'a laissé dans ma mémoire une odeur plus désagréable que l'attitude de cette femme dans la chambre de la mort. Sa voix était incroyablement dure. Ses yeux ternes de basilic, cherchant dans les miens les réponses à ses questions, me procuraient une sensation étrange qui me glaçait le sang chaque fois que je pensais à elle.

Puis soudain son attitude, arrogante, insolente, cruelle, changea. Elle est devenue polie. Elle était obséquieuse. Des deux, la première manière lui convenait bien mieux. Elle me regardait d'un air curieux, presque avec révérence, à ce qu'il me semblait. Elle dit d'une voix ronronnante :

"Ach, alors ! Je n'ai pas compris. Monsieur doit m'excuser."

Et elle ronronna encore :

"Donc!"

C'est alors que j'ai remarqué que ses yeux étaient fixés sur ma poitrine. J'ai suivi leur direction.

Ils reposaient sur l'insigne argenté que j'avais coincé dans mon appareil dentaire.

J'ai compris et j'ai gardé le silence. Le silence était mon seul atout jusqu'à ce que je sache comment était la terre. Si je laissais cette femme tranquille, elle me dirait tout ce que je voulais savoir.

En fait, elle recommença à parler.

"Je t'attendais " , dit-elle, "mais pas... *ça* . Qui est-ce cette fois-ci ? Un Français, hein ?"

J'ai secoué ma tête.

"Un Anglais," dis-je sèchement.

Ses yeux s'ouvrirent d'émerveillement.

"Ach, non !" s'écria-t-elle — et on eût dit que sa voix vibrait de plaisir — « Un Anglais ! Ei , ei !

Si jamais un être humain s'est léché les babines, c'est bien cette femme qui l'a fait.

Elle secoua la tête et se répéta :

" Hé , hé ! " ajoutant, comme pour expliquer sa surprise, "c'est le premier que nous ayons.

"Vous l'avez amené ici, hein ! Mais pourquoi ici ? Ou est-ce que der Stelze l'a envoyé ?"

Elle m'a lancé cette série de questions sans s'arrêter pour répondre. Elle a continué:

"J'étais sorti, mais Karl me l'a dit. Un autre est également venu : Franz l'a envoyé."

"C'est lui", dis-je. "Je l'ai surpris en train de fouiner dans ma chambre et il est mort."

« Ach ! » elle a éjaculé... et dans sa voix il y avait tout le monde d'admiration qu'une Allemande éprouve pour l'homme brutal... "Le Herr Englander est entré dans votre chambre et il est mort. Alors, donc ! Mais il faut parler à Franz. L'homme boit trop. Il est toujours ivre. Il fait des erreurs. Cela ne suffira pas. Je le ferai...."

"Je souhaite que vous ne fassiez rien contre Franz", dis-je. "Cet Anglais parlait bien allemand : Karl vous le dira."

"Comme monsieur le souhaite", fut la réponse de la femme d'une voix si soyeuse et si servile que je sentis ma gorge se soulever.

"Elle ressemble à une limace !" Je me suis dit alors qu'elle se tenait là, grosse, élégante et horrible.

« Voici son passeport et d'autres papiers », dis-je en me baissant et en les sortant de la poche du mort. "C'était un officier anglais, tu vois ?" Et j'ai déplié le petit livre noir estampillé aux armes royales.

Elle se pencha en avant et j'étais presque étouffé par l' odeur fade du patchouli dont son corps fané était trempé.

Puis, préparant une liasse de passeport et de permis, je les ai tenus dans la flamme de la bougie.

"Mais on les garde toujours !" reprit l'hôtelier.

"Ce passeport doit mourir avec l'homme", répondis-je fermement. "Il ne faut pas le retrouver. Je ne veux pas qu'on fasse des recherches gênantes, vous comprenez. C'est pourquoi..." et je jetai la masse brûlante de papiers dans la cheminée.

"Bien bien!" » dit l'Allemande en posant sa lampe sur la table. "Il y a eu un message téléphonique pour vous", a-t-elle ajouté, "pour vous dire que der Stelze viendra à huit heures du matin recevoir ce que vous avez apporté".

Tant pis ! Cela devenait gênant. Qui diable était Stelze ?

"Il arrive à huit heures , n'est-ce pas ?" Dis-je, simplement pour dire quelque chose.

" Jawohl ! " répondit Frau Schratt . "Il était déjà là ce matin. Il était nerveux, oh ! très, et s'attendait à ce que vous soyez là. Cela fait déjà deux jours qu'il attend ici pour continuer."

"Alors," dis-je, "il va s'en prendre *à* lui, n'est-ce pas ?" (Je savais très bien où il « allait » : il allait voir ce document en toute sécurité en Allemagne.)

Il y avait une tonalité malveillante dans la voix de la femme lorsqu'elle parlait de Stelze . Je pensais que je pourrais en profiter. Alors je l'ai fait sortir.

"Alors Stelze a appelé aujourd'hui et vous a donné ses ordres, n'est-ce pas ?" J'ai dit : "et... et j'ai pris les choses en main en général, hein ?"

Ses petits yeux claquèrent vicieusement.

« Ach ! » dit-elle, "der Stelze est der Stelze . Il a le pouvoir, il a l'autorité, il peut faire et défaire les hommes. Mais moi... j'ai brisé une douzaine d'hommes meilleurs que lui et pourtant il ose le dire à Anna Schratt. ça... ça... »

Elle éleva la voix de façon hystérique, mais s'interrompit avant de pouvoir terminer sa phrase. J'ai vu qu'elle pensait en avoir trop dit.

"Il ne jouera pas à ce jeu avec moi", dis-je. La force est la qualité que chaque Allemand, homme, femme et enfant, respecte, et la force seule. Ma sécurité dépendait de ma démonstration à cette ignoble créature que je ne recevais d'ordres de personne. "Vous savez ce qu'il est. On court des risques, on se donne des ennuis, on réussit. Puis il intervient et récolte les lauriers. Non, je ne vais pas l'attendre."

L'hôtelière se leva d'un bond, son visage décoloré tout ravagé par l'ombre d'une grande peur.

"Tu n'oserais pas !" dit-elle.

"Je le ferais", rétorquai-je. "J'ai fait mon travail et je ferai rapport au quartier général et à personne d'autre !"

Mes yeux tombèrent sur le corps.

"Maintenant, qu'allons-nous faire avec ça ?" J'ai dit . "Vous devez m'aider, Frau Schratt . C'est sérieux. Cela ne doit pas être trouvé ici."

Elle m'a regardé avec surprise.

"Que?" » dit-elle, et elle donna un coup de pied au corps. "Oh, ça ira avec Die Schratt ! 'Il ne faut pas le trouver ici'" (elle imita mon ton grave). "On ne le trouvera pas ici, jeune homme !"

Et elle rit avec toute la bonne humeur corsée d'une grosse personne.

"Tu veux dire?"

"Je pense ce que je veux dire, jeune homme, et ce que tu veux dire," répondit-elle. "Quand ils sont en difficulté, quand il y a des complications, quand il y a des désagréments... comme *ça* ... ils se souviennent de die Schratt , 'die fesche Anna', comme ils m'appelaient autrefois, et c'est ' gnadige Frau' ici. et " gnadige Frau " là-bas et un bracelet de diamants ou une bague de perles, si seulement je pouvais faire le petit tour de prestidigitation qui arrangerait tout. Mais quand tout va bien, alors je suis " vieille Schratt ", " vieille sorcière ", vieille femme', et je dois prendre mes ordres et mendier gentiment et... bah !"

Ses paroles se terminèrent par une gorgée qui, chez toute autre femme, aurait été un sanglot.

Puis elle ajouta de sa voix dure de putain :

"Ne vous inquiétez pas pour *lui*, là ! Laissez-le-moi ! C'est mon métier !"

A ces paroles, qui couvraient Dieu seul sait quelles horreurs de disparitions nocturnes, de rites macabres avec caisse et sac, dans les caves obscures de cette méchante maison, je sentis que, pourrais-je me retirer de l'entreprise à laquelle je m'étais engagé. si imprudemment engagé, je le ferais avec plaisir. Ce n'est qu'à ce moment-là que j'ai commencé à prendre conscience de la cruauté totale, de la férocité froide et calculatrice de l'ennemi le plus acharné et le plus puissant que l'Empire britannique ait jamais eu.

Mais il était trop tard pour se retirer maintenant. Les dés étaient jetés. Le destin, frappant à ma porte, m'avait trouvé prêt à le suivre, et j'étais engagé à faire face à tout ce qui pourrait m'arriver dans ma nouvelle personnalité.

L'Allemande se tourna pour partir.

"Der Stelze sera donc là à huit heures", dit-elle. "Je suppose que monsieur prendra son café tôt le matin avant."

"Je ne serai pas là", dis-je. "Tu peux dire à ton ami que je suis parti."

Elle s'est retournée contre moi comme un éclair.

Elle était à nouveau dure comme du silex.

« Nein ! » elle a pleuré. "Tu restes ici!"

"Non," répondis-je avec la même force, "pas moi..."

"... Les ordres sont des ordres et vous et moi devons obéir !"

"Mais qui est Stelze pour me donner des ordres ?" J'ai pleuré.

"Qui est...?" » Elle parla consternée.

"... Et toi-même," continuai-je, "tu disais..."

"Quand un ordre a été donné, ce que vous ou moi pensons ou disons n'a aucune importance", a déclaré la femme. "C'est un ordre : vous et moi savons *à qui* appartient l'ordre. Cela suffit. Vous restez ici ! Bonne nuit !"

Sur ce, elle était partie. Elle ferma la porte derrière elle ; la clé a claqué dans la serrure et j'ai réalisé que j'étais prisonnier. J'ai entendu les pas de la femme s'atténuer dans le couloir.

Cette horloge lointaine fendit le silence de la nuit de douze coups lourds. Puis les carillons jouèrent un joli petit air tintant qui résonna clairement dans l'air calme et lavé par la pluie.

Je restais pétrifié et réfléchissais à mon prochain mouvement.

Douze heures! J'avais huit heures de grâce avant que Stelze , l'homme mystérieux et puissant, vienne me démasquer et me livrer aux tendres mercis de Madame et de Karl. Avant huit heures , je devais — c'est ce que j'ai résumé ma position — quitter l'hôtel et prendre le train pour la frontière allemande — si je pouvais prendre un train — sinon je devrais être hors de Rotterdam à cette heure-là.

Mais je dois *agir* et agir sans tarder. On ne savait pas quand ce mort étendu à terre pourrait me procurer une nouvelle visite de Madame et de ses myrmidons. Plus tôt je sortirais de cette maison de mort, mieux ce serait.

La porte était solide ; la serrure était solide. Que j'ai découvert sans problème. De toute façon, réfléchis-je, la porte d'entrée de l'hôtel serait verrouillée et verrouillée à cette heure de la nuit, et je ne pourrais guère oser espérer m'échapper par la porte sans être repéré, même si Karl n'était pas réellement dans le hall d'entrée. . Il devait y avoir une entrée arrière de l'hôtel, pensai-je, car j'avais vu que les fenêtres de ma chambre donnaient sur la rue étroite bordant le canal qui passait à l'arrière de la maison.

Il était impossible de s'échapper par les fenêtres. La façade de la maison s'effondrait et il n'y avait rien pour prendre pied. Mais je me souvenais de la fenêtre du *cabinet de toilette* donnant sur la petite bouche d'aération. Cela semblait offrir une mince chance de s'échapper.

Pour la seconde fois cette nuit-là, j'ouvris la croisée et respirai les odeurs fétides qui montaient de l'étroite cour. Toutes les fenêtres donnant, comme la mienne, sur le conduit d'aération étaient plongées dans l'obscurité ; seule une lumière brillait encore dans la fenêtre sous la grille avec l'escalier de fer menant à la petite cour. Ce qu'il y avait au pied de l'escalier, je ne pouvais le distinguer, mais je crus reconnaître le contour d'une porte.

Depuis la fenêtre du *cabinet de toilette* jusqu'à la cour, les côtés de la maison, recouverts de stucs tachés et sales, tombaient à pic. Mesurée à l'œil nu, la chute depuis la fenêtre jusqu'au trottoir était d'environ cinquante pieds. Avec une corde et quelque chose pour amortir la chute, je pensais que cela pourrait être réussi...

À partir de là, les choses ont évolué rapidement. D'abord, avec mon canif, j'arrachai la languette du tailleur portant mon nom de la poche intérieure de mon habit et la brûlai dans la bougie ; rien d'autre que je portais n'était marqué, car j'avais dû acheter beaucoup de nouveaux vêtements à ma sortie de l'hôpital. J'ai pris le pardessus, le chapeau et le sac de Semlin dans le *cabinet de toilette* et je les ai préparés près de la fenêtre. Pour éviter toute surprise , j'ai poussé le massif lit en acajou jusqu'à la porte et j'ai ainsi barricadé l'entrée de la chambre.

De chaque côté de la cheminée pendaient deux cordes de cloche, des cordons de soie torsadés d'un pourpre délavé avec des glands poussiéreux. En montant sur la cheminée, j'ai coupé les cordes de la cloche là où elles rejoignaient le fil. En les testant, je les ai trouvés apparemment solides – en tout cas, ils doivent servir. Je les ai noués ensemble.

De retour au *cabinet de toilette* , j'allai chercher un objet convenable auquel attacher ma corde. Il n'y avait rien dans la petite pièce, à part le lavabo, qui était fragile et tout à fait inadapté à son usage. J'ai remarqué que la fenêtre était munie de volets extérieurs fixés au mur. On n'y avait pas touché depuis des années, devrais-je dire, car la cheville de fer qui les retenait était lourde de rouille et les volets étaient couverts de poussière. J'ai fermé le volet de gauche et j'ai constaté qu'il était solidement fixé au cadre de la fenêtre au moyen de boulons de fer massifs, en haut et en bas.

Voici le support nécessaire pour ma corde. Le tisonnier, poussé à travers les languettes de bois du volet, maintenait la corde assez solidement. J'ai attaché ma corde au tisonnier avec un nœud expert que j'avais appris lors d'un cours de nœuds au cours d'une semaine ridiculement ennuyeuse que j'avais passée à la base en France. Puis je tirai du lit le gigantesque coussin à épingles en édredon et les deux oreillers massifs, en enlevant les taies de peur que leur blancheur n'attire l'attention pendant qu'ils remplissaient la mission insolite à laquelle je les destinais.

A la fenêtre du *cabinet de toilette,* j'écoutai un instant. Tout était silencieux comme une tombe. Résolument, j'ai jeté l'édredon dans la gaine d'aération sombre et sale. Il naviguait gracieusement vers la terre et se posait avec un léger plop sur les pierres de la petite vergue. Les oreillers suivirent. Le bruit sourd qu'ils auraient fait était amorti par la masse gonflée de l' *édredon* . Le sac de Semlin passa ensuite et ne fit aucun bruit digne de ce nom ; puis son pardessus et son chapeau emboîtèrent le pas.

Je remarquai avec un cœur reconnaissant que les édredons et les oreillers recouvraient pratiquement la totalité des drapeaux de la cour.

Je suis retourné dans la pièce et j'ai soufflé la bougie. Puis, prenant brièvement ma corde de soie, j'ai grimpé par-dessus le rebord de la fenêtre et j'ai commencé à me laisser tomber, main sur main, dans les profondeurs.

Mes deux cordes de cloche, nouées ensemble, mesuraient environ vingt pieds de long, je devais donc compter sur une chute nette de quelque chose de plus de trente pieds. Le tisonnier et le volet résistèrent merveilleusement bien, et je n'eus aucune difficulté à m'abaisser, même si mes jointures aboyaient de manière très désagréable sur le stuc rugueux du mur. Alors que j'atteignais l'extrémité de ma corde, j'ai regardé vers le bas. La tache rouge de l'édredon, à peine visible dans la lumière de la fenêtre voisine, semblait se trouver à une horrible distance en dessous de moi. Mon esprit m'a fait défaut. Ma détermination a commencé à faiblir. Je ne pourrais jamais prendre ce risque.

La corde a réglé la question pour moi. Il s'est brisé sans avertissement - comment il avait supporté mon poids jusque-là, je ne sais pas - et je suis tombé en tas (et, comme il me semblait à ce moment-là, avec un fracas des plus retentissants) sur le divan moelleux. avait préparé ma réception.

La chute fut dure, très dure, mais les édredons et les oreillers dodus de la vieille Madame contribuèrent certainement à amortir ma chute. Je me suis laissé tomber carrément sur l'édredon avec un genou sur un oreiller et, bien que secoué et secoué, j'ai constaté que je n'avais aucun os cassé.

Mes sens ne m'ont pas non plus quitté. En une minute, j'étais de nouveau sur pied. J'ai écouté. Tout était encore silencieux. Je jetai un regard vers le haut. La fenêtre par laquelle j'étais descendu était encore sombre. Je voyais les cordes de cloche brisées qui pendaient au volet, et je remarquai, avec un éclat de fierté professionnelle, que mon expert n'avait pas cédé la jonction entre les deux cordes. La corde inférieure s'était séparée au milieu....

J'ai mis le chapeau de Semlin sur ma tête, j'ai récupéré son sac et son pardessus dans le coin du terrain où ils étaient tombés et l'instant d'après, je descendais l'échelle sur la pointe des pieds.

L'escalier de fer descendait à côté de la fenêtre par laquelle j'avais vu briller la lumière. La partie inférieure de la fenêtre était masquée par un rideau de mousseline sale. Par la partie supérieure, j'aperçus une sorte d'arrière-cuisine avec une lampe à pétrole posée sur une table en bois. La pièce était vide. De haut en bas, la fenêtre était protégée par de lourdes barres de fer.

Au pied de l'escalier de fer se trouvait, comme je l'avais prévu, une porte. C'était ma dernière chance de m'échapper. Il se trouvait à une douzaine de mètres du bas de l'échelle, au-dessus d'un petit espace pavé et humide où se trouvaient des boîtes de conserve – une petite porte avec une poignée en laiton.

Je me suis baissé en descendant l'échelle de fer pour ne pas être vu de la fenêtre si quelqu'un entrait dans l'arrière-cuisine à mon passage. En marchant très doucement, je me suis glissé à travers le petit espace et, aussi doucement que possible, j'ai tourné la poignée de la porte.

Il s'est retourné facilement dans ma main, mais rien ne s'est produit.

La porte était verrouillée.

CHAPITRE VI

Je monte à bord du train de Berlin et laisse un gentleman boiteux sur le quai.

J'ai été pris comme un rat dans un piège. Je ne pouvais pas revenir par le chemin par lequel j'étais venu et la seule issue m'était fermée. La porte et la fenêtre du quartier étaient le seul moyen de sortir de la petite cour. L'un était fermé à clé, l'autre barré. J'étais assez coincé. Il ne me restait plus qu'à attendre que mon absence soit découverte et que la corde cassée soit retrouvée pour leur montrer où j'étais. Ensuite, ils descendraient dans la région, je serais confronté à l'homme Stelze et mon oie serait assez cuite.

Aussi silencieusement que possible, j'ai procédé à un examen complet, minutieux et rapide de la zone. C'était un endroit sombre et humide, éclairé uniquement là où la lumière jaune jaillissait de l'arrière-cuisine. Il y avait deux travées basses creusées dans la maçonnerie sous la petite cour, l'une remplie de blocs de bois, l'autre de caisses brisées , de vieilles bouteilles et d'autres détritus. Je les ai explorés jusqu'à ce que mes mains entrent en contact avec les briques humides du fond, mais en vain. La porte et la fenêtre restaient le seul moyen de s'échapper.

Quatre grandes poubelles en fer blanc faisaient la queue devant ces deux travées, une cinquième était rangée sous l'escalier en fer. Ils étaient tous presque remplis d'ordures et ne servaient donc à rien comme cachette. En tout cas, cela ne correspondait ni au rôle que je jouais, ni à mon sentiment du ridicule que découvriraient les domestiques de l'hôtel cachés dans une poubelle.

J'étais à bout de nerfs pour savoir quoi faire. J'avais tellement osé, tout s'était si étonnamment bien passé, que c'était navrant d'être déjoué alors que la liberté était presque à ma portée. Une grande vague de déception m'envahit jusqu'à ce que je sente mon cœur se serrer. Puis j'ai entendu des pas et l'espoir a repris en moi.

Je me suis replié dans l'obscurité de la zone derrière les poubelles qui se trouvaient devant la baie la plus proche de la porte.

Dans la maison, des pas se rapprochaient de l'arrière-cuisine. J'entendis une porte s'ouvrir, puis une voix d'homme qui chantait. Il gazouillait dans un baryton doux et fin, cette ballade allemande populaire :

"Das haben die Mädchen so gerne Die im Stübchen et die im *Salong* ."

La voix pendait amoureusement, vacillait et trillait sur ce mot *« Salong »* : l'effet était tellement du goût du chanteur qu'il recommença la portée. Un cognement et un râle comme celui d'objets en vrac dans une boîte vide accompagnaient sa chanson.

"Un joyeux garçon !" Je me suis dit. Si seulement je pouvais voir de qui il s'agissait ! Mais je n'ose pas m'avancer dans cette tache de lumière jaune d'où l'on avait la seule vue sur l'arrière-cuisine.

Le chant s'est arrêté. Encore une fois , j'entendis une porte s'ouvrir. Est-ce qu'il s'en allait ?

Puis j'ai vu un mince rayon de lumière sous la porte de la zone.

L'instant d'après, il fut rejeté et le serveur, Karl, apparut, toujours dans son tablier bleu, un seau dans les deux mains.

Il arrivait aux poubelles.

Pudd'n Head Wilson m'est venu à l'esprit ; "Quand tu es en colère, compte jusqu'à quatre ; quand tu es très en colère, jure." Je n'étais pas en colère mais effrayé, terriblement effrayé, effrayé au point d'entendre mon cœur battre à grands coups dans mes oreilles. Néanmoins, j'ai suivi les conseils du sage de Dawson's Landing et j'ai compté pour moi-même : un, deux, trois, quatre, un, deux, trois, quatre ; tandis que mon cœur martelait : Reste cool, reste cool, reste cool ! Et pendant tout ce temps, je restais accroupi derrière les deux premières poubelles les plus proches de la porte.

Le garçon fredonnait pour lui-même la mélodie de sa petite chansonnette dans un bourdon profond en s'arrêtant un moment à la porte. Puis il avança lentement à travers la zone.

S'arrêterait-il devant les poubelles derrière lesquelles je me recroquevillais ?

Non, il les a dépassés.

Le troisième? Le quatrième?

Non!

Il traversa la zone tout droit et se dirigea vers la poubelle située sous les escaliers.

Je murmurai intérieurement une bénédiction sur les habitudes prudentes de l'Allemand qui range même ses ordures dans des bacs séparés.

L'homme tournait le dos à la porte.

C'était maintenant ou jamais ma chance.

J'ai rampé autour de mes sympathiques poubelles, j'ai atteint la porte de la zone sur la pointe des pieds et j'ai pénétré doucement dans la maison. Ce faisant, j'entendis un bruit de fer-blanc tandis que Karl replaçait le couvercle de la baignoire.

Un passage sombre s'étendait devant moi. Immédiatement à ma droite se trouvait la porte de l'arrière-cuisine grande ouverte. Il faut à tout prix éviter l'arrière-cuisine. L'homme pouvait rester là et je ne pouvais pas risquer qu'il me reconduise avant lui jusqu'au hall d'entrée de l'hôtel.

Je me glissai dans le passage sombre, les mains tendues. Bientôt, ils tombèrent sur le loquet d'une porte. J'ai appuyé dessus, la porte s'est ouverte vers l'intérieur dans l'obscurité et j'ai traversé. Alors que je fermais doucement la porte derrière moi , j'entendis le pas lourd de Karl et le grincement de la clé alors qu'il verrouillait la porte de la zone.

Je me tenais dans une sorte de placard dans l'obscurité totale, osant à peine respirer.

Une fois de plus, j'entendis l'homme chanter sa chanson idiote. Je n'osais pas sortir de ma cachette, car sa voix me paraissait si proche que je craignais qu'il ne soit encore dans le couloir.

Alors je me suis levé et j'ai attendu.

J'ai dû rester là une heure dans le noir. J'entendais le garçon aller et venir dans l'arrière-cuisine, j'écoutais son gros pas, son éternel chant, le bruit des ustensiles, tandis qu'il vaquait à son travail. À chaque minute, j'étais torturé par l'appréhension qu'il vienne vers le placard du couloir.

Il faisait froid dans ce souterrain humide. Le placard était assez spacieux, alors j'ai pensé enfiler le pardessus que je portais. Alors que j'étendais le bras, ma main heurta violemment une sorte de crochet en saillie dans le mur derrière moi.

"Condamner!" J'ai juré sauvagement dans ma barbe, mais j'ai de nouveau tendu la main pour découvrir ce qui m'avait blessé. Mes doigts rencontrèrent le fer froid d'un loquet. J'ai appuyé dessus et ça a cédé.

Une porte s'ouvrit et je me retrouvai dans un autre petit espace avec un escalier en pierre menant à la rue.

J'étais dans une ruelle étroite tracée entre les hauts côtés des maisons. C'était une impasse. À l'extrémité ouverte, je pouvais voir la lueur des réverbères. Il ne pleuvait plus et l'air était frais et agréable. Portant mon sac , je marchai d'un pas vif dans la ruelle et débouchai bientôt dans une artère tranquille traversée par un canal - probablement la rue, pensai-je, que j'avais vue depuis les fenêtres de ma chambre. L'hôtel Sixt se trouvait à droite de l'allée : je tournai à gauche et me trouvai en quelques minutes sur une place ouverte derrière la Bourse.

J'y trouvai une rangée de fiacres avec trois ou quatre fiacres alignés, les chevaux somnolents, les conducteurs ronflaient à l'intérieur de leurs véhicules. J'ai réveillé le premier et j'ai demandé au chauffeur de m'emmener au Café Tarnowski.

Tous ceux qui sont allés en Hollande connaissent le Café Tarnowski à Rotterdam. C'est un lieu immense avec des centaines de tables en marbre nichées parmi les palmiers sous un vaste toit vitré. De jour comme de nuit, elle ne ferme jamais : les serveurs se succèdent : jour et nuit la grande salle résonne du cri des commandes, du crépitement des pieds des serveurs, du claquement des dominos sur les tables de marbre.

Un délicieux café au lait hollandais, un steak de bœuf et des pommes de terre frites, le plus succulent de tous les plats hollandais, du pain blanc croustillant, tout chaud après la cuisson de minuit, et un appétissant beurre hollandais, compensaient largement les frissons de la nuit. Puis j'ai envoyé chercher encore du café, noir cette fois, et un guide ferroviaire, et allumer une cigarette a commencé à définir mon plan de campagne.

Le train pour Berlin quittait Rotterdam à sept heures du matin. Il était maintenant deux heures dix, j'avais donc tout mon temps. À partir de cette nuit-là, je me suis dit que j'étais allemand, et à partir de ce moment-là, je me suis mis assidûment à me *sentir* allemand et à jouer le rôle.

« Ça ne sert à rien de s'habiller », me disait Francis ; "Vous devez le *ressentir* aussi. Si je devais me déguiser en Berlinois, je ne me contenterais pas de me raser la tête, de porter un chapeau melon avec une jaquette et de me faire manucurer les ongles en rose. Je devrais commencer par me persuader que j'étais le Seigneur de la création, que les mauvaises manières sont un signe de force virile et que la malhonnêteté est la plus haute forme de diplomatie. Alors seulement devrais-je me procurer le costume !

Pauvre vieux François ! Comme il était astucieux et comme il connaissait bien ses Berlinois !

Rien de tel que les journaux pour donner une idée du sentiment national. Je n'avais pas parlé à un Allemand, hormis à quelques rats allemands terrifiés, prisonniers de guerre en France, depuis le début de la guerre et je savais que ma connaissance de la pensée allemande devait être rouillée. J'ai donc envoyé le serveur volontaire chercher tous les journaux et périodiques allemands sur lesquels il pouvait mettre la main. Il en revint avec des piles, *Berliner Tageblatt* , *Kélnische Zeitung, Vorwérts* ; les prétendus journaux comiques, *Kladderadatsch* , *Lustige Blétter* et *Simplicissimus* ; la presse illustrée, *Leipziger Illustrirte Zeitung, Der*

Weltkrieg im Bild, et le reste : ce café remarquable a même accueilli des publications moins populaires comme *le Zukunft de Harden* et des journaux à moitié chantants comme *Der Roland von Berlin.*

Pendant deux heures, je me suis imprégné de la pensée contemporaine allemande telle qu'exprimée dans la presse allemande. J'ai délibérément ouvert mon esprit à la conviction ; Je me répétais sans cesse : « Nous, les Allemands, menons une guerre défensive : le scélérat Gray a fait la guerre mondiale : Gott mitraille l'Angleterre ! Si absurde que me paraisse ce procédé quand j'y repense, je ne me moquerais pas de moi-même sur le moment. Je dois être Allemand, je dois me sentir Allemand, je dois penser Allemand : de cela dépendra ma sécurité dans l'immédiat.

J'ai finalement abandonné ma lecture avec un sentiment de stupéfaction totale. Dans chacune de ces publications, en temps de paix si différents en termes de convictions et de tendances, j'ai retrouvé la même mentalité, la même vision, les mêmes cris de perroquet. Ce que la *Gazette de Cologne* criait dans ses colonnes éditoriales, la presse comique (Dieu garde la marque) l'a fait écho dans une caricature infecte et hideuse. C'était là une organisation à outrance, une mobilisation de la pensée nationale, une série de disques phonographiques introduits dans mille machines différentes pour que chacune puisse jouer le même air.

"Ne t'inquiète pas de ta mentalité allemande, me disais-je, tu as tout ici ! Tu n'as qu'à être un perroquet comme les autres et tu seras un aussi bon Hun qu'Hindenburg !"

Un serveur Continental, disent-ils, peut en obtenir un à toute heure du jour ou de la nuit. J'étais sur le point de mettre cette théorie à l'épreuve.

"Garçon", ai-je dit (bien sûr, en allemand), "Je veux un sac, un sac à main. Pensez-vous que vous pourriez m'en procurer un ?"

"Est-ce que monsieur le veut maintenant?" répondit l'homme.

"À l'instant même", répondis-je.

« À peu près cette taille ? » – indiquant celui de Semlin . "Oui, ou plus petit si tu veux : je ne suis pas particulier."

"Je vais voir ce qui peut être fait."

Dix minutes plus tard , l'homme était de retour avec un sac en cuir marron d'une taille environ plus petite que celui de Semlin . Ce n'était pas nouveau et il m'a facturé trente florins (soit environ cinquante shillings) pour cela. J'ai payé de bon cœur et je lui ai en plus généreusement donné un pourboire, car je voulais un sac et je ne pouvais pas attendre l'ouverture des magasins sans rater le train pour l'Allemagne.

J'ai payé ma facture et suis parti jusqu'à la gare centrale à travers les rues sombres avec mes deux sacs. Les horloges sonnaient six heures lorsque j'entrai sous la grande coupole vitrée du hall de la gare.

Je suis allé directement au bureau de réservation et j'ai acheté un billet simple en première classe pour Berlin. On ne sait jamais ce qui peut arriver et j'avais plusieurs choses à faire avant le départ du train.

La librairie venait juste d'ouvrir. J'ai acheté pour un montant souverain de livres et de revues, anglais, français et allemands, et je les ai fourrés dans le sac que je m'étais procuré au café. Ainsi chargé, je me rendis au buffet de la gare.

Là, je me mis à exécuter un plan que j'avais élaboré pour laisser le document que Semlin avait apporté d'Angleterre dans un lieu sûr, d'où il pourrait être récupéré sans difficulté, s'il m'arrivait quelque chose. Je ne connaissais personne en Hollande à part Dicky, et je ne pouvais pas lui envoyer le document, car je n'avais pas confiance dans la poste. Pour la même raison, je n'enverrais pas le document à ma banque en Angleterre : en outre, je savais qu'on ne pouvait pas enregistrer de lettres avant huit heures, heure à laquelle j'espérais être en route pour l'Allemagne.

Non, mon sac, commodément lesté de livres et déposé au vestiaire de la gare, devrait être mon coffre-fort. La sécurité relative des vestiaires de gare en tant que coffre-fort est reconnue depuis longtemps par les voleurs de bijoux et autres et ce moyen de laisser mon document en sécurité m'a semblé meilleur que tout autre auquel je pouvais penser.

donc plongé dans mon sac et, parmi les piles de publications qu'il contenait, j'ai récupéré un livre au hasard. C'était une brochure allemande : *Gott mitraille l'Angleterre !* par le Prof. Dr. Hugo Bischoff, de l'Université de Göttingen. L'ironie de la chose a séduit mon sens de l'humour . "Ainsi soit-il!" J'ai dit . « Les fulminations du digne professeur contre mon pays auront l' honneur d' abriter le document qui est, apparemment, d'une telle valeur pour *son* pays ! Et j'ai rangé le petit étui en toile dans les pages du pamphlet, j'ai enfoncé le pamphlet au fond des livres et j'ai fermé le sac.

Vu son apparence inoffensive , le reçu du vestiaire - ai-je calculé -, contrairement au document de Semlin , n'attirerait aucune attention si, par malheur, il tombait entre de mauvaises mains *en cours de route.* Je n'ai donc pas hésité à le confier au poste. Avant d'emmener mon sac de livres au vestiaire, j'écrivis deux lettres. Tous deux étaient à Ashcroft — Ashcroft du ministère des Affaires étrangères, qui m'a obtenu mon passeport et mon permis pour venir à Rotterdam. Herbert Ashcroft et moi étions de vieux amis. J'ai adressé les enveloppes à sa maison privée à Londres. Le censeur des postes, je le savais, bien qu'il soit toujours très attentif aux lettres provenant des pays neutres, laisserait tranquille la correspondance du vieil Herbert.

La première lettre était brève. "Cher Herbert," ai-je écrit, "voudriez-vous garder le ci-joint jusqu'à ce que vous ayez de nouvelles nouvelles de moi ? Temps sale ici. Votre, DO" Cette lettre était destinée à contenir le reçu du vestiaire. Pour dissimuler l'importance d'une pièce jointe, il est toujours judicieux d'envoyer la lettre d'accompagnement sous pli séparé.

"Cher Herbert, dis-je dans ma deuxième lettre, si vous n'avez pas de nouvelles de moi dans les deux mois à compter de cette date concernant la pièce jointe que vous aurez déjà reçue, envoyez-moi s'il vous plaît quelqu'un, ou, de préférence, allez vous-même récupérer mes bagages. au vestiaire de la gare centrale de Rotterdam. Je sais à quel point vous êtes toujours occupé. Vous comprendrez donc les raisons pour lesquelles je demande autant de temps à votre temps. Votre, DO" Et, en guise d'indice, j'ai ajouté, sans conséquence ça suffit : *« Gott mitraille l'Angleterre ! »*

Je ris intérieurement en pensant au visage d'Herbert lorsqu'il reçut cette demande absurde selon laquelle il devrait abandonner son bureau poussiéreux de Downing Street et traverser la mer du Nord pour récupérer mes bagages. Mais il irait bien. Je connaissais mon Herbert, ennuyeux, sec et conventionnel, mais un ami très fidèle.

J'ai appelé un porteur à l'entrée du buffet et lui ai remis le sac et le pardessus de Semlin et lui ai demandé de me trouver une voiture de première classe dans le train de Berlin à son arrivée. Je le rencontrerais sur le quai. Puis, au vestiaire d'en face, j'ai déposé mon sac de livres, j'ai mis le récépissé dans la première lettre et je l'ai déposé dans la boîte aux lettres de la gare. Je suis sorti dans la rue avec la deuxième lettre et je l'ai postée dans une boîte aux lettres encastrée dans le mur d'un bureau de tabac, dans une rue calme, à quelques détours de là. Grâce à cet arrangement, je pensais qu'Herbert recevrait la lettre avec le reçu avant l'arrivée de la lettre d'accompagnement.

En revenant à la gare, j'ai remarqué une sorte de magasin de déchets qui, malgré l'heure matinale, était déjà ouvert. Un gros juif en manches de chemise, les pouces dans les poches de son gilet, se tenait à l'entrée, encadré de pardessus pendants, de chauves-souris et de bottes. Je n'avais pas de parapluie et j'ai pensé qu'un imperméable quelconque ne serait peut-être pas un mauvais ajout à ma garde-robe extrêmement maigre. En outre, j'ai pensé qu'en raison de la pénurie de caoutchouc, les imperméables devaient être très chers en Allemagne.

donc suivi le fils de Shem qui s'inclinait dans son magasin sombre et sale et j'en ai ressorti vêtu d'un imperméable vert épouvantablement laid, sentant hideusement le caoutchouc. C'était un vêtement choquant mais j'ai pensé que j'étais allemand et que je devais choisir mon costume en conséquence.

À l'extérieur du magasin, j'ai failli tomber sur un petit homme qui flânait sur le pas de la porte. C'était un vieil homme ratatiné et rêche, portant une casquette sale avec une bande d'or terni. Je l'ai connu tout de suite pour l'un de ces guides, moitié rabatteurs, moitié tyrans, qui infestent les gares ferroviaires de toutes les grandes villes du continent.

"Vous voulez un guide, monsieur ?" » dit l'homme en allemand.

Je secouai la tête et me dépêchai. L'homme trottait à côté de moi. "Vous voulez un bon hôtel bon marché, monsieur ? Une bonne maison respectable... Vous voulez un..."

"Ach! bien sie zum Teufel!" m'écriai-je avec colère. Mais l'homme persista, courant à côté de moi et débitant ses bavardages d'une voix sifflante et asthmatique. J'ai filé à l'aveugle dans le premier virage où nous arrivions, dans l' espoir de me débarrasser de cet individu, mais en vain. Finalement, je m'arrêtai et tendis un florin.

"Prends ça et pars !" J'ai dit .

Le vieil homme écarta la pièce.

" Danke , danke ", dit-il nonchalamment, en regardant en même temps à droite et à gauche.

Puis il dit d'une voix anglaise calme, totalement différente de ses accents plaintifs de l'instant précédent :

"Tu dois être une main cool!"

Mais il ne m'a pas bluffé, même si j'étais stupéfait. J'ai dit rapidement en allemand :

"Que me veux-tu ? Je ne te comprends pas. Si tu m'ennuies encore, j'appelle la police !"

de nouveau en anglais et ce fut la voix d'un Anglais bien élevé qui parla :

" Soit vous êtes un ancien maître du jeu, soit vous êtes complètement fou. Eh bien ! toute la station bourdonne après vous ! Et pourtant vous êtes sorti du buffet et vous l'avez traversé sans sourciller. Pas étonnant qu'ils ne vous aient jamais repéré. !"

Encore une fois , j'ai répondu en allemand :

"Je verstehe non !"

Mais il poursuivit en anglais, sans paraître remarquer mon observation :

« Arrêtez tout, mec, vous ne pouvez pas aller en Allemagne avec une cravate régimentaire !

Ma main vola jusqu'à mon col et le sang monta à ma tête. Quel maudit amateur j'étais, après tout ! J'avais complètement oublié que je portais les couleurs de mon régiment . J'étais cramoisi de vexation mais aussi d'un sentiment de soulagement. Je sentais que je pouvais faire confiance à cet homme. Ce serait un agent allemand avisé qui remarquerait un petit détail comme celui-là.

Pourtant , j'ai décidé de m'en tenir à l'allemand : je ne ferais confiance à personne.

Mais le guide avait recommencé à jacasser. J'ai vu deux ouvriers s'approcher. Lorsqu'ils furent passés, il dit, cette fois en anglais :

"Tu as bien raison d'être prudent avec un inconnu comme moi, mais je tiens à te prévenir. Eh bien, je t'ai suivi toute la matinée. Heureusement pour toi, c'était moi et pas un des autres... ".

Pourtant, je restais silencieux. Le petit homme reprit :

"Depuis une demi-heure, ils ratissent cette station pour vous. Comment avez-vous réussi à leur échapper, je ne sais pas, sauf qu'aucun d'eux ne semble avoir une idée très précise de votre apparence. Vous n'avez pas l'air très britannique. , je vous l'accorde ; mais j'ai repéré votre cravate et puis j'ai bien reconnu l'officier britannique.

"Non, ne vous inquiétez pas de me dire quoi que ce soit sur vous, ce n'est pas mon affaire de le savoir, pas plus que vous ne saurez rien sur moi. Je sais où vous allez, car je vous ai entendu prendre votre billet; mais vous pouvez tout aussi bien comprendre que vous avez autant de chances de monter dans votre train si vous entrez dans le hall de la gare et montez les escaliers de la manière habituelle que si vous avez traversé la frontière en avion.

"Mais ils ne peuvent pas m'arrêter !" J'ai dit . "Ce n'est pas l'Allemagne..."

"Bah!" dit le guide. "Vous allez être bousculé, il y aura une altercation, une fausse accusation, et vous raterez votre train ! *Ils* s'occuperont du reste !

" Bon sang, mec, " continua-t-il, " je sais de quoi je parle. Tiens, viens avec moi et je te montrerai. Tu as vingt minutes avant le départ du train. Maintenant, recommence l'allemand ! "

Nous avons parcouru la rue ensemble, comme une « chope », traîné par un de ces guides noirs. Alors que nous approchions de la gare, le guide dit dans son allemand plaintif :

"Faites attention à moi maintenant. Je vous laisse ici. Allez au bureau de réservation de banlieue, l'entrée est dans la rue à gauche du hall de la gare. Entrez dans la salle d'attente de première classe et regardez par la fenêtre. qui donne sur le hall de la gare. Vous y verrez une partie des forces mobilisées contre vous. Un cordon régulier de guides, comme moi, est dressé aux entrées des quais des grandes lignes, sans ostentation bien sûr. Si vous regardez vous verrez aussi beaucoup de Huns en civil...."

« Des guides ? J'ai dit .

Il hocha joyeusement la tête.

"Ça me semble mauvais, n'est-ce pas ? Mais on obtient de meilleurs résultats en étant l'un d'eux. Oh ! tout va bien. De toute façon, tu dois me faire confiance maintenant.

"Regardez ici ! Lorsque vous serez assuré que j'ai raison dans ce que je dis, prenez un ticket de quai et montez jusqu'au quai n°5. Sur ce quai, vous trouverez un train. Allez jusqu'au bout où les métaux s'épuisent. de la gare, où la locomotive serait attelée, et monterais dans le dernier wagon de première classe. Ne bougez sous aucun prétexte de là avant que vous ne me voyiez. Maintenant, j'aurai ce florin !

Je lui ai donné la pièce. Le vieil homme le regarda et secoua la tête, alors je lui en donnai un autre, après quoi il ôta sa casquette, s'inclina profondément et s'en alla précipitamment.

Dans la salle d'attente du côté banlieue, j'ai regardé par la fenêtre vers le hall de la gare. Il est vrai que j'ai vu un, deux, quatre, six guides flâner autour des barrières menant aux quais de la grande ligne. Il semblait y avoir beaucoup de monde dans la salle et certainement un certain nombre d'hommes possédaient ce goût singulier du costume, ces rondeurs de contour, par lesquelles on distingue l'Allemand dans une foule.

Je n'ai désormais plus aucune hésitation à suivre à la lettre les instructions du guide. Le quai n° 5 était complètement désert lorsque je sortis essoufflé du long escalier et je n'eus aucune difficulté à monter inaperçu dans la dernière voiture de première classe. Je m'assis près de la fenêtre de l'autre côté de la voiture.

À côté se trouvaient les panneaux marron et les lettres dorées d'un wagon-restaurant allemand.

J'ai regardé ma montre. Il était sept heures moins dix. Il n'y avait aucun signe de mon mystérieux ami. Je me demandais vaguement aussi ce qu'était devenu mon porteur. Il est vrai qu'il n'y avait rien d'important dans le sac de Semlin , mais un voyageur avec des bagages inspire toujours plus de confiance qu'un voyageur sans bagages.

Sept heures moins cinq ! Toujours aucun mot du guide. Les minutes s'écoulaient. Par jupiter! J'allais rater le train. Mais je me suis assis résolument dans mon coin. J'avais mis ma confiance en cet homme. Je lui ferais confiance jusqu'au bout.

Soudain, son visage est apparu dans la fenêtre, à côté de moi. La porte s'est ouverte.

"Rapide!" il m'a murmuré à l'oreille : « suis-moi ».

"Mes affaires..." haletai-je avec un pied sur le marchepied de l'autre train. Au même instant, le train se mit en marche.

Le guide me montra la voiture dans laquelle j'étais monté.

"Le portier..." m'écriai-je depuis la porte ouverte, pensant qu'il ne m'avait pas compris.

Le guide montra de nouveau la voiture, puis se tapota la poitrine avec un sourire significatif.

L'instant d'après, il avait disparu et je ne l'avais même pas remercié.

Le train berlinois sortit lourdement de la gare. En regardant prudemment hors de la voiture, j'ai aperçu le serveur, Karl, qui descendait précipitamment le quai. Avec lui se trouvait un homme basané et massivement bâti qui s'appuyait lourdement sur un bâton et boitait douloureusement en courant. Je voyais qu'un de ses pieds était déformé et la sueur coulait sur son visage.

J'aurais aimé saluer les deux hommes de la main, mais je me suis prudemment retiré hors de vue de la plate-forme.

Prudence, prudence, prudence, doit désormais être mon mot d'ordre.

CHAPITRE VII

DANS LEQUEL UNE ÉTOILE D'ARGENT FAIT COMME UN CHARME

J'ai souvent remarqué dans la vie qu'il y a des jours où une divinité bienveillante semble guider chacune de nos actions. Ces jours-là, faites ce que vous voulez, vous ne pouvez pas vous tromper. Alors que le train de Berlin roulait avec fracas sur les ponceaux enjambant les canaux entre les hautes maisons grises de Rotterdam et se précipitait impérieusement dans la plaine des moulins à vent et des têtards, je pensais que ce devait être mon bon jour, si gentiment une fée marraine m'avait guidé. mes pas depuis que j'avais quitté le café.

En effet, j'avais été tellement absorbé par la grande entreprise dans laquelle j'étais embarqué que mes actions tout au long de la matinée avaient été pour l'essentiel automatiques. Et pourtant, avec quelle uniformité avaient-ils tendance à me protéger ! J'avais acheté mon billet à l'avance ; J'avais donné mon pardessus et mon sac à un porteur dont je savais maintenant qu'il était mon sauveur déguisé ; J'étais sorti de la gare et lui avais ainsi donné l'occasion de converser en toute sécurité avec moi. Les présages étaient bons : je pouvais compter sur ma chance aujourd'hui, me sentis-je, et, grandement réconforté, je commençai à regarder autour de moi.

Je me suis retrouvé seul à bord d'un wagon de première classe. Sur la fenêtre était placardée une affiche, en néerlandais et en allemand, indiquant que la voiture était réservée. Soudain, j'ai pensé à mon sac et à mon pardessus. On ne les voyait nulle part. Après une petite recherche, je les ai trouvés sous le siège. Dans la poche du pardessus se trouvait une cravate noire.

Je n'ai pas perdu de temps pour comprendre l'allusion. Si l'un d'entre vous qui lit ce conte remarque un jour un ganger sur la voie ferrée entre Rotterdam et Dordrecht portant autour du cou les célèbres couleurs d'un régiment célèbre, vous comprendrez comment ils sont arrivés là. Puis, épuisé par les fatigues de ma nuit blanche, je tombai dans un profond sommeil, mon imperméable verdoyant enveloppé autour de moi, le pardessus de Semlin autour de mes genoux.

Je rêvais par intermittence d'une évasion folle des hordes de guides agrippés sauvagement, menés par Karl le serveur, lorsque les hurlements des freins m'ont ramené à la raison. Le train ralentissait sensiblement. Dehors, le soleil d'automne brillait sur d'agréables étendues de landes brunes et lumineuses de bruyère. L'instant d'après et avant que je sois complètement réveillé , nous nous étions arrêtés à une station très propre et le cri familier de " Alles aussteigen !" résonnait à mes oreilles.

Nous étions en Allemagne.

Cette prise de conscience m'est tombée dessus comme un coup de tonnerre. J'étais dans le pays de l'ennemi, naviguant sous de fausses couleurs , avec seulement les informations les plus maigres sur l'homme dont j'avais pris la place et aucune histoire plausible, telle que j'avais bien eu l'intention de préparer, pour me guider dans l'examen rigoureux de la situation. police des frontières.

Quelle était mon entreprise ? La société de fabrication Halewright . Qu'avons-nous fabriqué ? Je n'en avais pas la moindre idée. Pourquoi venais-je en Allemagne ? Encore une fois, j'étais perdu.

Un tintement de talons ferrés dans le couloir et un officier, suivi de près par deux soldats, la croix blanche de la Landwehr sur leurs casques, se tenait à la porte.

"Vos papiers, s'il vous plaît," dit-il sèchement mais poliment.

J'ai remis mon passeport américain.

"Cela n'a pas été visé ", a déclaré l'officier.

Avec un pincement au cœur, j'ai réalisé qu'une fois de plus j'étais en faute. Bien entendu, le passeport aurait dû être tamponné au consulat allemand de Rotterdam.

"Je n'avais pas le temps", dis-je hardiment. "Je voyage pour des affaires très importantes à Berlin. Je ne suis arrivé à Rotterdam qu'hier soir, après la fermeture du consulat."

Le lieutenant se tourna vers l'un de ses gardes.

"Emmenez ce monsieur au hall des douanes", dit-il et il se dirigea vers la voiture suivante.

Le soldat s'est approprié mon pardessus et mon sac et m'a fait signe de le suivre. À l'extérieur, la plate-forme était fermée à clé. J'ai remarqué que tout le monde était conduit dans un enclos long et étroit fait de claies en fer menant à une porte verrouillée sur laquelle était écrit : Zoll -Révision. J'allais prendre place dans la file d'attente lorsque le soldat m'a poussé du coude. Il me conduisit jusqu'à une porte latérale qui s'ouvrait sur le hall des douanes, décharné et nu, avec sa longue rangée de tréteaux pour l'examen des bagages des passagers. Dans un coin derrière un bureau se trouvait un grand groupe d'officiers et de fonctionnaires subalternes, tous vêtus de l'uniforme gris-vert que je connaissais si bien grâce à la vie dans les tranchées. Le directeur semblait être un homme immense, excessivement gros et gros, avec un visage bouffi et de grandes lunettes d'or. Il rugissait d'une voix forte et colérique :

"Il n'est pas venu ! Et voilà ! Encore une fois, nous aurons tous ces ennuis pour rien !"

Je pensais qu'il avait l'air d'un individu extraordinairement colérique et j'ai prié avec ferveur pour que je ne sois pas amené devant lui.

Les portes furent grandes ouvertes. Dans la précipitation, la salle fut envahie par une foule hétérogène de gens serrés les uns contre les autres et entraînés devant une file de soldats. Pendant une heure ou plus, Babel régna. Les fonctionnaires ont braillé contre le public : la place résonnait au son d'une altercation furieuse. Après une violente dispute, un homme, gesticulant sauvagement, fut emmené par deux soldats.

Je n'ai jamais vu un examen aussi approfondi de ma vie. Les sacs des gens ont été littéralement renversés et chaque objet a été fouillé et reniflé . Après le contrôle douanier, les passagers étaient conduits vers les salles de fouille, les hommes d'un côté, les femmes de l'autre. J'ai aperçu une chercheuse se précipitant devant une porte... une femme monstrueuse et sinistre qui me rappelait ces horribles baigneuses au bord de la mer dans notre prime jeunesse.

Le gros fonctionnaire avait disparu dans un bureau donnant sur la salle des douanes. Il s'agissait, je suppose, du dernier cas, car plusieurs passagers, dont une vieille dame très convenablement habillée, ont été conduits dans le bureau latéral et n'ont plus été revus.

Pendant toute cette scène de confusion, personne ne m'avait remarqué. Mon garde regardait droit devant lui et ne disait jamais un mot. Une fois le couloir pratiquement dégagé, un homme s'est présenté à la porte du bureau et a fait signe à ma sentinelle.

A une table du bureau qui, malgré le soleil extérieur, était chauffée comme une serre, je trouvai le gros fonctionnaire. Quelque chose l'avait visiblement bouleversé, car ses sourcils étaient voilés de colère et ses joues de dogue tremblaient d'irritation. Il tendit la main lorsque j'entrai.

"Vos papiers !" grogna-t-il.

J'ai remis mon passeport.

Dès qu'il l'eut examiné, une rougeur se répandit sur ses joues et son front et il posa sa main sur la table avec fracas. La sentinelle à côté de moi grimaça sensiblement.

"Ce n'est pas visé ", a crié le gros fonctionnaire d'une voix aiguë de colère. "Cela ne vaut rien... à quoi penses-tu que cela me sert ?"

"Excusez-moi..." dis-je en allemand.

"Je ne t'excuserai pas," rugit-il. "Qui êtes-vous ? Que voulez-vous en Allemagne ? Vous êtes allé à Londres, je le vois à ce passeport."

"Je n'ai pas eu le temps de faire tamponner mon passeport au consulat de Rotterdam", dis-je. "Je suis arrivé trop tard dans la soirée. Je ne pouvais pas attendre. Je pars à Berlin pour des affaires très importantes."

"Cela n'a rien à voir avec ça", a crié l'homme. Il était plongé dans une belle frénésie. "Votre passeport n'est pas en règle. Vous n'êtes pas allemand. Vous êtes américain. Nous, Allemands, savons quoi penser de nos amis américains, surtout ceux qui viennent de Londres."

Une voix dehors criait : « Nach Berlin alles einsteigen ." J'ai dit aussi poliment que possible, malgré mon agacement croissant :

"Je ne veux pas rater mon train. Mon voyage à Berlin est de la plus haute importance. J'espère que le train pourra être retenu jusqu'à ce que je vous ai convaincu de ma bonne foi. J'ai ici une carte de Herr von Steinhardt."

J'ai fait une pause pour laisser le nom pénétrer. J'étais convaincu qu'il devait s'agir d'un gros bug dans le service allemand.

"Je m'en fiche de Herr von Steinhardt ou de Herr von qui que ce soit d'autre", s'écria l'Allemand. Puis il dit sèchement à un secrétaire grimaçant à côté de lui :

"A-t-il été fouillé?"

Le secrétaire jeta un regard effrayé à la sentinelle.

"Non, Herr Major", dit le secrétaire.

"Eh bien, emmène-le, déshabille-le et apporte-moi tout ce que tu trouves !"

La sentinelle tournait sur ses talons comme un automate.

Le moment était venu de jouer ma dernière carte, je sentais : je ne pouvais pas risquer d'être retardé à la frontière de peur que Stelze et ses amis ne me rattrapent. J'ai été surpris de constater qu'apparemment ils n'avaient pas télégraphié pour m'arrêter.

"Un instant, Herr Major," dis-je.

"Emmenez le au loin!" Le gros homme m'a fait signe de s'écarter.

"Je vous préviens," continuai-je, "que j'ai une affaire importante. Je peux aussi vous en convaincre. Seulement..." et j'ai regardé autour de moi dans le bureau. "Tout cela doit disparaître."

À mon grand étonnement, la colère du gros homme disparut complètement. Il m'a regardé fixement, puis a ôté ses lunettes et les a polies avec son mouchoir. Après cela, il dit nonchalamment : « Tout le monde dehors sauf ce monsieur ! La sentinelle, qui s'était encore retournée sur ses talons, parut sur le point de parler : sa voix expira avant de sortir de sa bouche : il salua, se retourna de nouveau et suivit les autres hors de la pièce.

Une fois la place dégagée , j'ai retiré mon attelle gauche de l'emmanchure de mon gilet et j'ai montré l'étoile d'argent.

Le gros homme se releva d'un bond.

"Le Herr Doktor doit m'excuser : je suis bouleversé : je ne savais pas que le Herr Doktor n'était pas un de ces ennuyeux espions américains qui envahissent notre pays. Le Herr Doktor comprendrait... Si le Herr Doktor avait dit ..."

" Herr Major, " dis-je en m'efforçant de mettre autant d'insolence que possible dans ma voix (c'est ce que comprend un Allemand), " je n'ai pas l'habitude de bêler mes affaires à tous les imbéciles que je rencontre. Maintenant, je dois partir. retour au train. »

"Le train de Berlin est parti, Herr Doktor , mais..."

"Le train de Berlin est parti ?" J'ai dit . "Mais mes affaires ne supportent aucun retard. Je vous dis que je dois être à Berlin ce soir !"

"Il n'est pas question pour vous de prendre le train ordinaire, Herr Doktor ", répondit doucement le gros homme, "mais malheureusement le train spécial que je vous avais préparé a été annulé. Je pensais que vous ne reviendrez plus."

Une spéciale? Par jupiter! J'étais évidemment un personnage remarquable. Mais un spécial ne ferait jamais l'affaire ! Où diable cela allait-il me mener ?

"Le train de Berlin devait être retenu jusqu'à ce que votre signal soit clair", poursuivit le major, "mais nous devons l'arrêter à Wesel jusqu'à votre passage. Je m'en occupe tout de suite !"

Il a donné quelques ordres au téléphone et, après une conversation animée, s'est tourné vers moi avec un visage radieux :

"Ils l'arrêteront à Wesel et le spécial sera prêt dans vingt-cinq minutes. Mais rien ne presse. Vous avez une heure ou plus à perdre. Puis-je offrir au

Herr Doktor un verre de bière et un sandwich chez nos officiers ' casino ici
?

Eh bien, j'étais partant cette fois. Un spécial qui m'emmène Dieu sait où pour des affaires inconnues... ! Peut-être pourrais-je extraire quelques informations de mon gros ami si je l'accompagnais, alors j'ai accepté son invitation avec la condescendance appropriée.

Le major s'excusa un instant et revint avec mon pardessus et mon sac.

"Donc!" s'écria-t-il, "nous pouvons les laisser ici jusqu'à notre retour !" Derrière lui, par la porte ouverte, j'ai vu un groupe de fonctionnaires qui scrutaient curieusement la pièce. Alors que nous marchions parmi eux, ils retomba avec précipitation. Il y avait une révérence positive à l'égard de leurs manières, ce que j'ai trouvé extrêmement déroutant.

Une charrette, conduite par un ordonnance, se tenait dans la cour de la gare, un des douaniers, chapeau à la main, à la porte. Nous traversâmes rapidement des rues très sales jusqu'à une petite place où la sentinelle placée à une porte de fer indiquait le Club des Officiers. Dans l'antichambre se prélassaient quatre ou cinq officiers en uniforme gris campagne. Lorsque nous sommes entrés, ils se sont levés d'un bond et sont restés debout, raides, pendant que le major leur présentait, Hauptmann Pfahl , Oberleutnant Meyer... une ribambelle de noms. L'un des officiers avait perdu un bras, un autre était très boiteux, les autres étaient visiblement des abris.

« Un gentleman américain, un de nos bons amis », fut la forme sous laquelle le major me présenta à la compagnie. Une fois de plus , je me trouvais mystifié par les extraordinaires démonstrations de respect avec lesquelles j'étais reçu. Les Allemands n'aiment pas les Américains, d'autant plus qu'ils se sont mis à vendre des obus aux Alliés, et j'ai commencé à penser que tous ces officiers devaient en savoir plus sur moi et sur ma mission que moi-même. Un infirmier au caractère impassible, portant des gants blancs, apporta de la bière et d'extraordinaires sandwichs à la sardine d'apparence désagréable dont je réalisai, en les goûtant, qu'ils étaient faits de « pain de guerre ».

Pendant qu'on servait la bière, je jetais un coup d'œil autour de la pièce, nue et meublée très simplement. De terribles chromolithographies du Kaiser et du prince héritier étaient accrochées aux murs, au-dessus d'un verre rempli de trophées de guerre. Avec une horrible maladie au cœur , j'ai reconnu, parmi d'autres emblèmes, un glengarry avec un insigne en argent et un casque britannique en acier avec un trou béant dans la couronne. Puis je me suis souvenu que j'étais dans la région du VIIe Corps, qui fournit certains de nos adversaires les plus coriaces sur le front occidental.

La conversation était polie et superficielle.

"C'est dans des occasions comme celles-ci", a déclaré l'officier boiteux, "qu'on reconnaît à quel point nos frères d'outre-mer aident la cause allemande."

"Votre travail doit être extraordinairement intéressant", observa l'une des pirogues.

"Toutes vos difficultés sont désormais terminées", dit le major, à la manière du chœur d'une pièce grecque. "Vous serez à Berlin ce soir, où vos travaux seront sans aucun doute récompensés. Les amis américains de l'Allemagne ne sont pas populaires à Londres, j'imagine !"

J'ai murmuré : « À peine.

— Il faut avoir un tact infini pour n'avoir éveillé aucun soupçon, dit le major.

"Cela dépend", dis-je.

" Pardonnez-moi, " répondit le major, chez qui je commençais à reconnaître tous les signes d'une rumeur pure, " je sais un peu l'importance de votre mission. Je parle entre nous, n'est-ce pas, messieurs ? Il y avait des ordres spéciaux. à votre sujet du commandement du corps à Münster. Votre spécial vous attend ici depuis quatre jours. Le monsieur qui est venu vous rencontrer était dans une fièvre d'attente. Il avait déjà quitté la gare ce matin quand... quand je Je t'ai rencontré, je lui ai envoyé un message pour qu'il vienne te chercher ici.

L'intrigue s'épaississait. J'étais certainement une personnalité remarquable.

« De quelle partie de l'Amérique venez-vous, M. Semlin ? » dit une voix dans un anglais parfait venant du coin. Le manchot parlait.

"De Brooklyn", dis-je vigoureusement, même si mon cœur semblait glacé sous le choc d'entendre ma propre langue.

"Tu n'as pas d'accent", répondit suavement l'autre.

"Certains Américains, rétorquai-je sentencieusement, considéreraient cela comme un compliment. Tous les Américains ne parlent pas plus par le nez que nous ne mâchons ou ne crachons en public."

"Je sais", dit le jeune homme. "J'ai été élevé là-bas !"

Nous étions entourés de visages souriants. Cet officier qui parlait anglais était évidemment considéré comme un peu farfelu par ses camarades. J'en ai profité pour leur faire, en allemand, une description humoristique de ma simplicité en expliquant à un homme élevé aux États-Unis que tous les

Américains n'étaient pas les caricatures décrites dans la presse comique européenne.

Il y eut un éclat de rire dans la salle.

"Ach, dieser Schmalz !" s'esclaffa le major en se frappant la cuisse avec extase. « Kolossal ! » » fit écho l'une des pirogues. Le boiteux sourit faiblement et dit que c'était "incroyable à quel point Schmalz pouvait être humoristique".

J'avais espéré que la conversation pourrait désormais reprendre en allemand. Rien de la sorte. La salle s'appuyait sur ses chaises, comme si elle s'attendait à ce que la fête continue.

Ça faisait.

"Vous achetez vos vêtements à Londres", a déclaré le jeune officier.

C'était un jeune homme bien bâti, très pâle à cause d'une maladie récente, avec des cheveux blonds et un œil bleu vif et audacieux – l'œil d'un combattant. Sa manche gauche était vide et était attachée sur sa tunique, à la boutonnière de laquelle était torsadé le ruban noir et blanc de la Croix de Fer.

"En général," répondis-je brièvement, "quand je vais en Angleterre. Les vêtements sont moins chers à Londres."

"Il faut avoir une bonne oreille pour les langues", a poursuivi Schmalz ; "Vous parlez allemand comme un allemand et anglais..." il s'arrêta sensiblement, "... comme un Anglais."

Je me sentais horriblement nerveux. Ce jeune homme ne me quittait jamais des yeux : il me regardait depuis que j'étais entré dans la pièce. Son attitude était parfaitement calme et suave.

quand même tenu ma fin de manière très honorable, je pense.

"Et ce n'est pas une mauvaise réussite non plus", dis-je avec un sourire éclatant, "si l'on doit visiter Londres en temps de guerre."

Schmalz lui rendit son sourire avec une parfaite courtoisie. Mais il continuait à me regarder sans relâche. J'avais peur.

"De quoi Schmalz bavarde-t-il maintenant ?" dit l'un des abris. J'ai traduit pour le bénéfice de l'entreprise. Mon curriculum vitae donna l'occasion au pirogue qui avait parlé de se lancer dans une interminable anecdote sur un ulster qu'il avait acheté pendant ses vacances à Brighton. L'histoire a duré jusqu'à ce que l'infirmier aux gants blancs vienne annoncer qu'« un gentleman » était là, demandant le Herr Major.

« Ce sera votre homme », s'écria le major en sursautant. Je remarquai qu'il ne faisait aucune tentative pour faire entrer l'étranger. « Venez, allons vers lui !

Je me levai et pris congé. Schmalz est venu avec nous à la porte de l'antichambre.

"Tu vas à Berlin ?" Il a demandé.

"Oui," répondis-je.

"Où vas-tu loger ?" il a demandé à nouveau.

"Oh, probablement à l' Adlon !"

"Je serai moi-même à Berlin la semaine prochaine pour mon examen médical, et peut-être pourrons-nous nous revoir. J'aimerais beaucoup parler davantage avec vous de l'Amérique... et de Londres. Nous devons avoir des connaissances communes."

J'ai murmuré que j'étais trop heureux, tout en me disant mentalement de quitter Berlin le plus tôt possible.

CHAPITRE VIII

J'ENTENDS PARLER DE PIED CLUB ET RENCONTRE SON EMPLOYEUR

Tandis que nous descendions l'escalier, le Major me murmura :

" Je ne pense pas que votre homme souhaitait que je connaisse son nom, car il ne s'est pas présenté à son arrivée et il ne vient pas à notre Casino . Mais je le connais pour autant : c'est le jeune comte von Boden, de les uhlans de la Garde : son père, le Général, est un des aides de camp de l'Empereur : il fut, un temps, précepteur du Prince Héritier."

Une automobile se tenait devant la porte, avec à son bord un jeune homme vêtu d'une capote militaire gris-bleu et d'une casquette plate entourée d'une bande rose. Il a bondi au moment où nous apparaissions. Ses manières étaient des plus *impératrices* . Il a complètement ignoré mon compagnon.

"Je suis extrêmement heureux de vous voir, Herr Doktor ", a-t-il déclaré. "Vous êtes attendus avec beaucoup d'impatience. Je dois vous présenter mes excuses pour ne pas avoir été à la gare pour vous accueillir, mais il semble qu'il y ait eu un malentendu. Les dispositions prises à la gare pour votre accueil semblent être complètement interrompues..." et il regarda à travers son monocle le vieux major, qui rougit de dépit.

"Si vous montez dans ma voiture", a ajouté le jeune homme, "je vous conduirai à la gare. Nous n'avons plus besoin de détenir ce monsieur."

J'eus pitié du vieux major, qui était resté silencieux sous l'insolence cinglante de ce jeune lieutenant, alors je lui serrai cordialement la main et le remerciai de son hospitalité. Après tout, c'était un vieil homme jovial.

Le jeune comte conduisait lui-même et discutait amicalement pendant que nous tournions dans les rues. "Je dois me présenter", dit-il : "Lieutenant Comte von Boden du 2e Uhlans de la Garde. Je ne voulais rien dire devant ce vieux bavard. J'espère que vous avez fait un agréable voyage. Von Steinhardt, de notre Légation à La Haye, a été chargé de prendre toutes les dispositions pour votre confort de ce côté-ci. Mais j'oubliais, vous et lui devez être de vieilles connaissances, Herr Doktor !

J'ai dit quelque chose d'approprié à propos de la gentillesse invariable de von Steinhardt. Intérieurement, j'ai noté l'explication de la carte de visite dans le portefeuille que j'avais en poche.

A la gare, nous trouvâmes deux aides-soignants, l'un avec mes affaires, l'autre avec les bagages et la fourrure de von *Boden* . Les quais étaient désormais déserts, à l'exception des sentinelles : toute vie dans cette morne gare frontière semblait mourir avec le passage du train postal.

Je ne pouvais m'empêcher de remarquer, après que nous soyons descendus de la voiture et que nous nous promenions sur le quai en attendant la spéciale, que mon compagnon ne cessait de jeter des regards furtifs à mes pieds. J'ai regardé mes bottes : elles avaient besoin d'être brossées, certes, mais sinon je n'y voyais rien de mal. Elles étaient brunes, il est vrai, et je réfléchis que l'Allemand des villes a une manière de régler ses goûts en matière de chaussures en fonction du calendrier, et que les bottes marron sont rarement portées en Allemagne après le 1er septembre.

Notre spécial est arrivé, un moteur et un annexe, un fourgon de serre-frein, une voiture simple et un fourgon de garde. Le chef de gare nous fit un adieu des plus cérémonieux, et le gardien, casquette à la main, m'aida à monter dans le train.

C'est une voiture Pullman dans laquelle je me trouvais, avec des fauteuils confortables et des petites tables. L'un des infirmiers mettait la table pour le déjeuner, et ici, le jeune comte et moi avons mangé un repas qui, à l'exception de l'inévitable « *Kriegsbrod* », montrait peu de signes de la rigueur du blocus britannique. Mais à ce moment- là , j'avais pleinement réalisé que, pour une raison inconnue, aucun effort n'avait été épargné pour me faire honneur , donc le tarif était probablement quelque chose d'extraordinaire.

Mon compagnon était un garçon brillant, amusant et délicieusement typique de sa classe. Il avait servi un an dans la cavalerie sur le front de l'Est, avait été grièvement blessé et était maintenant attaché à l'état-major général à Berlin dans ce que je jugeais être une fonction décorative plutôt qu'utile, car, outre ce qu'il avait appris dans sa propre campagne, il semblait singulièrement ignorant de l'évolution de la situation militaire. En particulier, son ignorance des conditions sur le front occidental était suprême. Il était plein à craquer de fables les plus extraordinaires sur les Britanniques. Il m'a par exemple assuré solennellement — sur la foi d'un de ses amis qui les avait vus — que des Japonais combattaient en France avec les Anglais, habillés en Highlanders — son ami avait entendu ces Écossais asiatiques parler japonais, déclara-t-il. Je pensais aux bataillons parlant gaélique des Camerons et je pouvais à peine réprimer un sourire.

Le jeune von Boden était superbement méprisant à l'égard des officiers de l'obscur et très réduit bataillon d'infanterie en garnison à Goch , le poste frontière que nous venions de quitter, où, comme il avait pris soin de me l'expliquer, il avait passé quatre jours d'ennui sans relâche. , attends pour moi.

"Bien sûr, en temps de guerre, nous sommes une armée unie et tout ça", observa-t-il sans sophisme , "mais aucun de ces gars de Goch n'était un compagnon digne d'un officier de cavalerie fringant. Ils étaient vraiment ennuyeux. Je n'irais pas près du Casino. J'en ai rencontré un soir à l'hôtel. Cela m'a suffi. Eh bien, un seul d'entre eux connaissait quelque chose à Berlin, et c'était ce boiteux. Or, il y a une chose qu'on apprend en la cavalerie...."

Mais j'avais arrêté d'écouter. Dans son bavardage irresponsable, le garçon a utilisé un mot qui a frappé une note dure qui a bouleversé mon cerveau. Il avait parlé du « boiteux », en utilisant un mot allemand « der Stelze ». En un éclair, j'ai revu devant moi cette scène dans la chambre sordide des Vos . Tuintje , la bougie qui coule dans le courant d'air, le cadavre livide sur le sol et cette femme sinistre qui crie : « Der Stelze a le pouvoir, il a l'autorité, il peut faire et défaire les hommes !

L'esprit a des erreurs inexplicables. L'expression avait disparu de mon vocabulaire allemand. Je ne l'avais même pas reconnu jusqu'à ce que le garçon l'ait rappé dans un contexte qui m'était familier, puis il est revenu. Avec lui, il apportait ce tableau dans la pièce faiblement éclairée, mais aussi un autre : l'image d'un homme vaste et massif, basané et sinistre, avec un pied bot, boitant lourdement après Karl, le serveur, sur le quai de Rotterdam.

C'est pourquoi le jeune lieutenant avait regardé mes pieds à la gare de Goch . Le messager qu'il était venu rencontrer, le porteur du document, l'homme de pouvoir et d'autorité, avait le pied bot, et c'était moi !

Mais comme j'étais exempt de toute difformité physique, sans parler du fait que je ne ressemblais en rien à l'homme au pied bot que j'avais vu sur le quai de Rotterdam, pourquoi le jeune lieutenant m'avait-il accepté si facilement ? J'en ai hasardé la raison, c'est qu'il avait ordre de rencontrer une personne qui ne lui avait pas été désignée autrement, sauf qu'elle arriverait par un certain train. Le major du commissariat serait chargé d'établir ma *bonne foi* . Une fois que cet officier m'avait remis à l'émissaire, la seule responsabilité de celui-ci consistait à me conduire vers le but inconnu vers lequel nous conduisait rapidement le train spécial. Telles sont les merveilles de la discipline !

Mon compagnon était en effet un modèle de discrétion dans tout ce qui me concernait et qui concernait mes affaires. La curiosité à l'égard des affaires de votre voisin est un défaut cardinal des Allemands, et pourtant le comte n'a manifesté aucun désir d'apprendre quoi que ce soit sur moi ou sur ma mission à Berlin. Soyez sûr que moi, je n'ai rien fait pour l'éclairer. Ce n'était d'ailleurs pas en mon pouvoir. Pourtant, la réserve du jeune homme était si marquée que j'étais convaincu qu'il avait reçu l'ordre d'éviter le sujet.

Alors que le train traversait la Westphalie, traversait des gares animées avec des aperçus de voies de garage remplies de camions chargés à ras bord, passant devant des villes dont les contours étaient brouillés par le tourbillon de fumée d'une centaine de cheminées d'usine, mes pensées étaient occupées avec cet infirme basané. Je m'étais détaché de lui avec une partie d'un document très prisé, mais il n'avait fait aucune tentative pour me faire arrêter à la frontière. Il est donc clair qu'il doit toujours me considérer comme un allié et doit donc ignorer encore l'identité du mort gisant dans ma chambre à l'hôtel Sixt . Le sympathique guide m'avait dit que le groupe qui « fouillait » la gare de Rotterdam pour moi ne semblait pas savoir à quoi je ressemblais.

Était-il alors possible que Pied Bot ne connaisse pas Semlin de vue ?

Le fait que Semlin n'avait traversé l'Atlantique que récemment semblait confirmer cette supposition.

Puis le document. Semlin en avait la moitié. Qui avait l'autre moitié ? Sûrement Clubfoot... Clubfoot qui devait passer à l'hôtel ce matin-là pour recevoir ce que j'avais ramené d'Angleterre. Peut-être, après tout, ma déclaration fortuite à l'hôtelier n'était-elle pas si fausse ; Clubfoot voulait emporter l'intégralité du document à Berlin et récolter tous les lauriers au prix de la moitié du danger et du travail . Cela expliquerait son silence actuel. Il soupçonnait Semlin de trahison, non pas envers la cause commune, mais envers lui !

Il semblait que j'aurais une liberté de mouvement jusqu'à ce que Clubfoot puisse atteindre Berlin. Cela, à moins qu'il ne prenne également un spécial, ne pourrait avoir lieu que le lendemain soir au plus tôt. Mais, plus redoutable qu'une rencontre avec l'homme de pouvoir et d'autorité, planait sur moi, cauchemar toujours présent, l'entretien que je sentais m'attendre au terme de mon présent voyage... l'entretien au cours duquel je devais rendre un compte de ma mission.

Le soir tombait alors que nous traversions la région inhospitalière de sable, d'eau et de pins qui entoure Berlin. Nous avons glissé à vitesse réduite à travers les banlieues soignées, contourné la ville, sur les hauts immeubles de laquelle les panneaux électriques du ciel commençaient déjà à scintiller, nous sommes écrasés lourdement sur un vaste réseau de métaux à quelque grand terminus, puis nous nous sommes élancés de nouveau dans l'obscurité grandissante. . Peu après, nous avons de nouveau ralenti. Nous traversions une région boisée. Dans l'obscurité devant nous, une lanterne nous fit signe et le train s'arrêta brusquement dans une petite gare en bordure de route, une minuscule boîte à affaire. Une silhouette grande et solide, portant un casque à pointes et une capote militaire grise, se tenait dans une grandeur solitaire au centre de la petite plate-forme, les rayons vacillants d'une lampe à gaz vacillante se reflétant dans ses bottes brillamment cirées.

"Nous y sommes enfin !" dit mon compagnon.

Je suis sorti pour affronter mon destin.

Le jeune lieutenant se montra rigide au salut devant la silhouette sur la plate-forme.

J'ai entendu la fin d'une phrase en descendant "... le monsieur que je devais rencontrer, Excellence!"

L'autre m'a regardé. C'était un grand homme avec un visage cramoisi. Il ne fit aucune tentative de salutation, mais dit d'une voix rauque : « Ayez la bonté de m'accompagner. Les aides-soignants s'occuperont de vos affaires. » Et, les éperons tintant, il traversa une sorte d'antichambre immense, enveloppé dans des bandelettes, dans une cour au-delà, où palpitait doucement une grosse limousine.

Il s'écarta pour me laisser monter, puis monta, suivi, à ma grande surprise, par le jeune comte, dont la responsabilité à mon égard s'était terminée, imaginais-je, par « la remise de la marchandise ». Ma surprise fut de courte durée, car une fois dans la voiture, le jeune uhlan laissa tomber toute la formalité qu'il avait affichée sur le quai et s'adressa à l'officier aîné en l'appelant « papa ». C'était donc le vieux général von Boden, dont le major avait parlé, aide de camp du Kaiser et autrefois précepteur du prince héritier.

Le père et le fils bavardaient de manière décousue à travers la voiture, et j'en profitais pour étudier le vieux monsieur. Son visage était d'une teinte pourpre la plus prodigieuse, et si poli qu'il reflétait continuellement le reflet de la petite lampe électrique du toit. D'énormes lunettes dorées avec des verres si épais qu'elles lui déformaient les yeux, chevauchaient un grand nez en forme de bec. Il avait ôté son casque et s'épongeait le front, et j'ai vu une tête haute, parfaitement chauve, en forme de dôme, brillamment polie et presque aussi rouge que son visage. Il était rasé de près et n'était en aucun cas jeune, car la chair pendait en sacs autour de son visage. De longues années d'habitude de commander avaient laissé leur marque dans une manière impérieuse qui pourrait facilement céder la place à la cruauté, à mon avis.

"Je pensais que j'aurais dû avoir des ordres avant de quitter la Villa", dit le Général à son fils, "alors tu aurais pu y aller directement. Je suppose qu'il a l'intention de le voir ici : c'est pourquoi il voulait qu'il soit amené à la Villa. ... Mais il est toujours le même : il n'arrive jamais à se décider. Et il a grogné.

"Peut-être qu'il y aura quelque chose qui attend à la maison", ajouta-t-il de sa voix rauque de caserne.

Nous avons franchi un portail blanc et sommes entrés dans une petite allée qui nous a amenés devant une villa longue et basse. Ni le père ni le fils ne m'avaient ouvert la bouche pendant le trajet depuis la gare et je n'avais osé leur poser aucune question, mais je savais que nous étions à Potsdam. La petite gare dans les bois était, je le soupçonnais, Wild-Park, la gare privée utilisée par l' empereur lors de ses fréquents voyages et située dans l'enceinte du Nouveau Palais. Tous les fonctionnaires de la cour de Prusse ont des villas à Potsdam, mais la raison pour laquelle j'avais été amené là-bas dans le cadre d'une affaire qui devait sûrement intéresser plutôt la Wilhelm-Strasse ou la présidence de la police était au-delà de ce que je pouvais comprendre.

Il y eut une scène effrayante dans la salle. Sans aucun avertissement, le général s'est retourné contre l'infirmier qui avait ouvert la porte et lui a crié des injures. "Chameau ! Bœuf ! Tête de mouton !" » rugit-il, son visage et son crâne brillant approfondissant leur teinte vermillon. "Est-ce que je donne l'ordre qu'ils soient oubliés ? Que veux-tu dire ? Espèce d'âne..." Il posa ses mains gantées de blanc sur les épaules de l'homme et le secoua jusqu'à ce que les dents de l'individu aient dû claquer dans sa tête. L'infirmier, blanc jusqu'aux lèvres, pendait dans les bras du vieillard, murmurant des excuses : "Ach ! Exzellenz ! Exzellenz m'excusera..."

C'était un spectacle révoltant, mais il ne fit pas la moindre impression sur le fils, qui, posant sa casquette et sa capote et décrochant son épée, me conduisit dans une sorte de bureau. "Ces aides-soignants sont vraiment des idiots !" il a dit.

"Rudi ! Rudi !" Cria une voix rauque et stridente venant de la salle. Le lieutenant s'est enfui.

"Vous devez emmener ce type à Berlin ce soir. Le message était là tout le temps - cet idiot d'Heinrich l'a oublié. Et nous devons garder ce type ici jusque-là ! C'est un scandale que d'avoir la maison utilisée comme une caserne pour un détective coquin !" C'est ce que j'ai entendu, puisque la porte était restée ouverte. Puis il s'est fermé et je n'ai plus rien entendu.

Comme je l'avais entendu tant de fois, il y avait une certaine ironie dans l'invitation à dîner que me fit ensuite le jeune uhlan. Il n'y avait rien d'autre à faire que d'accepter. Je me savais pris au plus profond des mailles de la discipline prussienne, chacun avait ses ordres et les exécutait aveuglément, depuis le major bavard à la frontière jusqu'à cet absurde *Exzellenz*, cet aide de camp impérial de Potsdam. J'étais déjà un petit rouage dans une grande machine. Je devrais devoir tourner ou être écrasé.

Son Excellence ne m'a laissé aucun doute sur ce point. Lorsque j'ai été introduit dans son bureau, après un lavage et un rasage bien mérités, il m'a reçu debout et m'a dit à brûle-pourpoint : « Vos ordres sont de rester ici jusqu'à dix heures du soir, date à laquelle vous serez conduit à Berlin par le lieutenant comte von Boden. Je ne vous connais pas, je ne connais pas vos affaires, mais j'ai reçu certains ordres vous concernant que j'ai l'intention d'exécuter. C'est pourquoi vous dînerez ici avec nous. Après avoir Vu la personne chez qui vous devez être conduit ce soir, le lieutenant-comte von Boden vous accompagnera à la gare de Spandau, où un train spécial sera prêt dans lequel il vous reconduira à la frontière. Je vous souhaite bien comprendre que le Lieutenant est chargé de veiller à l'exécution de ces ordres et qu'il mettra en œuvre tous les moyens à cette fin. Ai-je été clair ?

L'attitude du vieil homme était indescriptiblement menaçante. "C'est la machine que nous voulons briser", m'étais-je dit en le voyant sauvager son domestique dans le hall et je me répétais maintenant la phrase. Mais au général j'ai dit : « Parfaitement, Votre Excellence !

"Alors allons dîner", dit le général.

C'était un repas de cauchemar. Une femme fanée et ratatinée, à qui je n'ai pas été présentée – une sorte de parente qui tenait la maison du général, je suppose – était la seule autre personne présente. Elle n'ouvrait jamais les lèvres, sauf, les yeux vitreux de terreur, pour donner à l'infirmier quelques instructions à voix basse au sujet de la nourriture ou du vin du général. Nous avons dîné dans une salle déprimante au papier peint marron foncé décoré de bois de cerf poussiéreux, un énorme poêle en faïence verte dominant le tout. Le général et son fils mangeaient solidement pendant que la dame picorait furtivement son assiette. Quant à moi, je ne pouvais pas manger, par simple frayeur. Chaque nerf de mon corps vibrait à la pensée de la soirée qui m'attendait. Si je ne pouvais pas éviter l'entretien, j'étais résolument déterminé à laisser passer Maître von Boden plutôt que de retourner à la frontière les mains vides. Je n'avais pas bravé tous ces périls pour rentrer chez moi sans, au moins, tenter de retrouver Francis. En plus, je voulais dire si je pouvais obtenir l'autre moitié de ce document.

Il y avait du vin du Rhin tout à fait excellent, et j'en bus beaucoup. Le général aussi, de sorte que, lorsque les veines violettes de ses tempes proclamèrent qu'il avait mangé à satiété, son humeur parut s'être améliorée. Il s'est suffisamment déplié pour me présenter le pire cigare que j'ai jamais fumé.

Je l'ai fumé en silence pendant que père et fils parlaient boutique. La femelle avait disparu. Les deux hommes, à ma grande surprise, étaient des opposants furieux et acharnés à Hindenburg, comme je l'ai appris depuis que la plupart des membres de la vieille école de l'armée prussienne le sont. Ils parlaient peu de l'Angleterre : leurs pensées semblaient être centrées sur la Russie en tant qu'ennemi juré. Ils ont placé leur confiance dans Falkenhayn et Mackensen . Ils n'avaient pas de mots assez forts pour dénoncer Hindenburg, qu'ils appelaient toujours « l'ivrogne »... « der Säufer ». Ils n'épargnaient pas non plus les critiques sur ce qu'ils appelaient la « faiblesse » du Kaiser à le laisser accéder au pouvoir.

Le bourdonnement d'une voiture à l'extérieur interrompit notre rassemblement. Me rappelant que je n'étais qu'un humble serviteur devant cette grande sommité militaire, j'ai remercié le général avec la servilité qui lui est due pour son hospitalité. Ensuite, le comte et moi sommes sortis vers la voiture et sommes partis dans la nuit.

Nous sommes entrés dans Berlin par l'ouest, à ce qu'il me semblait, mais nous nous sommes ensuite dirigés vers le sud et nous sommes bientôt arrivés dans le quartier commerçant de la ville, presque désert à cette heure-là, à l'exception des tramways. Puis j'ai aperçu des lampes se reflétant dans l'eau, et l'instant d'après, la voiture s'était arrêtée sur un pont au-dessus d'un canal ou d'une rivière. Mon compagnon jaillit et me précipita vers un petit portail entouré d'une grille de fer enfermant un vaste édifice noir dans la nuit, tandis que la voiture s'éloignait dans l'obscurité.

La porte était ouverte. À une demi-douzaine de mètres se trouvait une petite tour élancée avec un toit pointu dépassant du coin du bâtiment. Dans la tour se trouvait une porte qui cédait facilement à la poussée vigoureuse de mon compagnon alors qu'une horloge quelque part dans le bâtiment battait un double coup : dix heures et demie.

La porte donnait sur un petit vestibule brillamment éclairé à l'électricité. Là, un homme attendait, un beau bonhomme barbu, vêtu d'une sorte de costume de chasse vert.

"Alors, Payeur !" dit le jeune uhlan. "Voici monsieur. Je serai ensuite à l'entrée ouest. Vous le descendrez vous-même jusqu'à la voiture."

" Jawohl , Herr Graf ! " » répondit l'homme en vert, et le lieutenant disparut par la porte dans la nuit.

Un soupçon terrifiant et incroyable qui m'avait submergé dès que je sortais de la voiture surgit maintenant dans mon cerveau. Ce vaste édifice noir, cette tour élancée à l'angle, ne les connaissais-je pas ?

Machinalement, j'ai suivi l'homme en vert. Mes soupçons se sont approfondis à chaque pas. En peu de temps, ils sont devenus une certitude. En haut d'un escalier peu profond et en colimaçon, le long d'un long et large couloir, tendu de riches tapisseries, le parquet ciré luisant faiblement dans la pénombre, à travers de splendides suites d'appartements dorés avec des tableaux anciens et des meubles splendides... ici un laquais aux cheveux poudrés bâillant sur un palier, là une sentinelle en gris champ immobile devant une porte... J'étais dans le château de Berlin.

Le Château semblait dormir. Un silence feutré régnait sur tout. Partout, les lumières étaient tamisées, les escaliers serpentaient dans le vide, les couloirs s'étendaient dans une solitude sombre. De temps en temps, un domestique en tenue de soirée passait devant nous sur la pointe des pieds ou un officier disparaissait au coin de la rue, sans bruit, à l'exception d'un léger tintement d'éperons.

ainsi , me semble-t-il, des kilomètres de silence et de crépuscule, et pendant tout ce temps mon sang martelait mes tempes et ma gorge devenait sèche en pensant à l'épreuve qui m'attendait. À qui étais-je ainsi convié, en secret, pendant la nuit ?

Nous nous trouvions maintenant dans un passage large et agréable, lambrissé de chêne brun clair et de tentures rouges. Après la désolation des appartements d'État, ce couloir confortable avait au moins l'apparence de conduire à l'habitation des hommes. Un soldat géant en gris des champs, avec un curieux hausse -col d'argent suspendu autour du cou par une chaîne, arpentait le couloir, ses bottes ne faisant aucun bruit sur le tapis doux et épais dont le sol était recouvert.

L'homme en vert s'est arrêté à la porte. Il me tendit une main d'avertissement, baissa la tête et écouta. Il y eut un moment de silence absolu. Pas un bruit ne se faisait entendre dans tout le château. Puis l'homme en vert a frappé doucement et a été admis, me laissant dehors.

Un instant plus tard, la porte s'ouvrit à nouveau. Un homme grand et élégant, aux cheveux gris et avec cet air indéfini de bonne éducation que l'on retrouve chez tout homme qui a passé sa vie à la cour, sortit précipitamment. Il avait l'air pâle et harcelé.

En me voyant, il s'arrêta net.

"Dr Grundt ? Où est le Dr Grundt ?" » a-t-il demandé et ses yeux se sont posés sur mes pieds. Il sursauta et les porta à mon visage.

Le soldat était hors de portée de voix. Je le voyais, immobile comme une statue, debout au fond du couloir. A part lui et nous, le passage était désert.

reprit la parole et sa voix trahissait son anxiété.

"Qui es-tu?" » demanda-t-il presque à voix basse. "Qu'as-tu fait de Grundt ? Pourquoi n'est-il pas venu ?"

C'est avec audace que j'ai franchi le pas.

"Je m'appelle Semlin ", dis-je.

" Semlin ", répéta l'autre, " - ah oui ! l'ambassade à Washington a écrit à votre sujet - mais Grundt devait venir... "

"Écoutez," dis-je, " Grundt ne pouvait pas venir. Nous avons dû nous séparer et il m'a envoyé devant..."

"Mais... mais..." — l'homme balbutiait maintenant dans son anxiété — "... tu as réussi ?"

J'ai hoché la tête.

Il poussa un soupir de soulagement.

"Ce changement dans les arrangements sera gênant, très gênant", a-t-il déclaré. "Il faudra tout lui expliquer, tout. Attends un instant."

Il retourna précipitamment dans la pièce.

Une fois de plus, je restai debout et j'attendais dans cet endroit silencieux, si reposant et si calme qu'on se sentait dans un monde très éloigné de la lutte furieuse des nations. Et je me demandais si mon entretien, la rencontre que j'avais tant redoutée, était terminé.

" Pst , Pst !" Le vieil homme se tenait devant la porte ouverte.

Il m'a conduit à travers une pièce, un endroit douillet , sentant agréablement les meubles en cuir, jusqu'à une porte. Il l'ouvrit, révélant une autre porte au-delà d'un seuil étroit. Là-dessus, il frappa.

"Ici!" cria une voix, une voix dure et métallique.

Mon compagnon tourna la poignée et, ouvrant la porte, me poussa dans la chambre. La porte s'est fermée derrière moi.

Je me suis retrouvé face à l' Empereur .

CHAPITRE IX

Je rencontre une vieille connaissance qui me conduit à une délicieuse surprise.

Il se tenait au centre de la pièce, face à la porte, les jambes écartées, fermement ancrées au sol, une main derrière le dos, l'autre, flétrie et inutile comme le reste du bras, enfoncée dans la poche latérale du sa tunique. Il portait un uniforme de petite tenue parfaitement simple, de couleur gris champ, et la simplicité inhabituelle de sa tenue vestimentaire, associée au fait qu'il était tête nue, le rendait si différent de ses portraits conventionnels dans toute la panoplie de la guerre que je doute de devoir le faire. Je l'aurais reconnu - aussi paradoxal que cela puisse paraître - sans les ravages représentés dans chaque linéament de ces traits autrefois si familiers.

Aujourd'hui, un seul homme au monde pourrait ressembler à cela. Un seul homme au monde pourrait aujourd'hui montrer, par les ravages qu'il a au visage, le poids effroyable de la responsabilité qui écrase lentement l'une des personnalités les plus vigoureuses et les plus résilientes d'Europe. Sa silhouette, autrefois droite et bien tricotée, semblait avoir rétréci, et son bras flétri, anormalement enroulé dans sa poche, prenait une proéminence qui donnait quelque chose de sinistre à ce visage gris et harcelé.

Sa tête était penchée en avant sur sa poitrine. Son visage, toujours intensément jaunâtre, presque italien dans sa teinte olive, était livide. Toute sa vigilance avait disparu ; les traits semblaient s'être effondrés et la chair pendait flasque, bombée en poches profondes sous les yeux et en plis lâches aux coins de la bouche. Sa tête était grisonnante, gris fer, mais ses cheveux au niveau des tempes étaient blancs comme de la neige battue. Seuls ses yeux étaient inchangés. C'étaient les mêmes yeux gris et d'acier, agités, changeants, peu fiables, miroirs de l'esprit impulsif, capricieux et inconstant de l'homme.

Il s'est baissé vers moi. Son front était froncé et ses yeux brillaient de méchanceté. Dans le bref instant où je l'ai regardé, j'ai pensé à une phrase qu'un ami avait utilisée après avoir vu le Kaiser dans une de ses humeurs colériques : « Son regard noir et glacial ».

J'étais tellement surpris de me retrouver en présence de l'Empereur que j'en oubliai mon rôle et restai à regarder avec stupéfaction l'apparition. L'autre était apparemment trop occupé par ses pensées pour remarquer mon oubli, car il parla aussitôt, impérieusement, dans le staccato dur d'un ordre.

"Qu'est-ce que j'entends ?" il a dit. "Pourquoi Grundt n'est- il pas venu ? Que fais-tu ici ?"

A ce moment -là , j'avais élaboré la fable que j'avais commencé à raconter dans le couloir. Je l'avais prêt maintenant : c'était mince, mais ça devait suffire.

"Si Votre Majesté me le permet, je vous expliquerai", dis-je. L' Empereur se balançait sur ses pieds, nerveux et irritable . Ses yeux ne restaient jamais stables un instant : tantôt ils fouillaient mon visage, tantôt ils tombaient au sol, tantôt ils scrutaient le plafond.

"Le Dr Grundt et moi avons réussi notre quête, aussi dangereuse soit-elle. Comme Votre Majesté le sait, le... le... l'objet avait été divisé...."

"Oui, oui, je sais ! Continuez !" dit l'autre en s'arrêtant un instant dans son bercement.

"Je devais d'abord quitter l'Angleterre avec ma part. Je ne pouvais pas m'enfuir. Tout le monde est fouillé pour les lettres et les papiers à Tilbury. J'ai conçu un plan et nous l'avons testé, mais il a échoué."

"Comment ? Ça a échoué ?" cria l'autre.

"Sans nuire au succès de notre mission, Votre Majesté."

"Expliquez ! Quel était votre stratagème ?"

"J'ai découpé un morceau de doublure dans un sac à main et j'y ai enveloppé une lettre parfaitement inoffensive adressée à un agent maritime anglais à Rotterdam. J'ai ensuite recollé le fragment de doublure à sa place au fond du sac. Grundt a donné le sac à l'un des nôtres à titre expérimental pour voir s'il échapperait à la vigilance de la police anglaise.

Une lueur d'intérêt grandissait dans les manières de l'Empereur , bannissant sa mauvaise humeur. Tout ce qui est nouveau l'a toujours attiré.

"Bien?" il a dit.

"La ruse a été détectée, la lettre a été retrouvée et notre homme a été condamné à une amende de vingt livres au tribunal de police. C'est alors que le Dr Grundt a décidé de m'envoyer..."

"Tu l'as avec toi ?" s'exclama l'autre avec empressement.

"Non, Votre Majesté", dis-je. "Je n'avais aucun moyen de l'emporter. Dr Grundt , par contre..." Et j'ai plié ma jambe et touché mon pied.

L' Empereur me regarda et le sillon réapparut entre ses yeux. Puis un sourire éclata sur son visage, un sourire chaleureux et attrayant, comme le soleil après la pluie, et il éclata d'un rire régulier. Je connaissais le faible de Sa Majesté pour les plaisanteries aux dépens des difformités physiques des autres, mais j'avais à peine osé espérer que ma subtile référence au pied bot de Grundt comme cachette pour les papiers compromettants aurait eu un tel succès. Car le Kaiser se délectait assez de cette idée et riait longuement et haut et fort, les flancs assez tremblants.

"Ach, der Stelze ! Excellent ! Excellent !" il pleure. " Plessen , viens voir comment nous avons encore trompé l'Anglais ! "

Nous étions dans une pièce longue et haute, avec une grande fenêtre au fond, où la pièce semblait s'étendre à droite et à gauche en forme de T. Du grand bureau avec son tas de photographies en argent épais les cadres, les petits bustes en bronze de l'Impératrice, les marines aquarellées et autres petites attentions, j'ai jugé que c'était le bureau de l'Empereur .

À l'appel du monarque, un officier aux cheveux blancs sortit de l'autre bout de la pièce, cette partie qui était cachée à ma vue.

Le Kaiser posa la main sur son épaule.

"Une belle blague, Plessen !" dit-il en riant. Ensuite, pour moi :

"Dit le encore!"

J'étais maintenant réchauffé par mon travail. J'ai fait un récit aussi ironique que possible du Dr Grundt , gros, massif et potelé, clopinant à bord du bateau à vapeur à Tilbury, sous le nez de la police britannique, avec le document rangé dans sa botte.

Le Kaiser ponctua mon récit de rires en rafales et souligna le plaisir du *dénouement* en frappant le général dans les côtes.

Plessen rit de bon cœur, comme on s'y attendait d'ailleurs. Puis il dit suavement :

"Mais le stratagème a-t-il réussi, Votre Majesté ?"

Le monarque fronça les sourcils et me regarda.

"Eh bien, jeune homme, est-ce que ça a marché ?"

"... Parce que," poursuivit Plessen , "si c'est le cas, Grundt doit être en Hollande. Dans ce cas, pourquoi n'est-il pas ici ?"

Mon cœur se serra en moi. Par-dessus tout, je savais que je devais garder ma contenance. Le moindre signe de gêne et j'étais perdu. Pourtant, je sentais le sang fuir de mon visage et j'étais heureux de me tenir dans l'ombre.

On frappa à la porte. Le vieux chambellan qui m'avait rencontré dehors est apparu.

"Votre Majesté m'excusera... Le général baron von Fischer est là pour faire son rapport..."

"Actuellement, actuellement", fut la réponse d'un ton irritable. "Je suis fiancé à l'instant..."

Le vieux courtisan s'arrêta un moment, irrésolu.

"Eh bien, qu'est-ce qu'il y a ; qu'est-ce que c'est ?"

« Dépêches du quartier général, Votre Majesté ! Le général m'a demandé de dire que c'était urgent !

Le Kaiser se réveilla en un instant.

"Amenez-le!" Puis, à Plessen , il ajouta d'une voix d'où toute gaieté avait disparu, avec des accents sombres :

"A cette heure, Plessen ? Si ça a encore mal tourné sur la Somme !"

Un officier entra précipitamment, raidi, le visage figé, casque sur la tête, portefeuille sous le bras. Le Kaiser parcourut la pièce jusqu'à son bureau et s'assit. Plessen et les autres le suivirent. Je suis resté là où j'étais. Ils semblaient m'avoir complètement oublié.

Un murmure s'éleva du bureau. L'officier remettait son rapport. Alors le Kaiser parut l'interroger, car j'entendis sa voix dure et métallique :

" Contalmaison ... Bois des Trones ... lourdes pertes... refoulées... tirs d'artillerie épouvantables..." furent des mots qui me parvinrent. La voix du Kaiser s'élevait sur une note aiguë d'irritabilité. Soudain, il lui lança les papiers sur le bureau et s'écria :

"C'est scandaleux ! Je vais le briser ! Il n'aura plus aucun homme si je dois aller moi-même enseigner à ses hommes leur devoir !"

Plessen quitta précipitamment le bureau et vint vers moi. Son ancien visage était blanc et ses mains tremblaient.

"Sors d'ici!" me dit-il d'une voix féroce. "Attends dehors et je te verrai plus tard!" Pourtant, du pupitre, résonnait cette voix âpre et stridente, qui s'étendait dans une gamme ascendante, déversant un torrent écumant de menace.

J'avais souvent entendu parler des accès de fureur soudains dont le Kaiser souffrait ces dernières années, mais jamais, dans mes rêveries les plus folles, je n'aurais imaginé pouvoir y assister.

C'est avec plaisir que j'ai échangé l'atmosphère électrique hautement chargée du bureau impérial contre le repos du couloir tranquille. Sa tranquillité parfaite était comme un baume pour mes nerfs frémissants. De l'homme en vert, on ne voyait rien. Seul le soldat continuait sa veillée silencieuse.

Encore une fois , j'ai agi par impulsion. Je portais mon imperméable vert gazon, mon chapeau que je portais à la main. Je pourrais donc facilement passer pour quelqu'un qui sort du Château. Sans hésiter, je tournai à gauche, par où j'étais venu, et me replongeai dans le labyrinthe de galeries, de couloirs et de paliers par lequel m'avait conduit l'homme en vert. Je me suis très vite perdu, alors j'ai décidé de descendre le prochain escalier où je devrais arriver. Je suivis ce plan et descendis un large escalier, au pied duquel je trouvai un veilleur de nuit, vêtu d'un vaste pardessus orné d'aigles et assis sur un tabouret, lisant un journal.

Il m'a arrêté et m'a demandé mes affaires. Je lui ai dit que je venais des appartements privés de l'Empereur , sur quoi il m'a demandé mon laissez-passer. Je lui ai montré mon badge, ce qui l'a entièrement satisfait, même s'il a marmonné quelque chose à propos de "nouveaux visages" et de ne pas m'avoir vu auparavant. Je lui ai demandé la sortie. Il m'a dit qu'au bout de la galerie je devrais me diriger vers l'entrée ouest. J'avais l'impression d'avoir eu un petit cri de rencontre avec mon mentor à l'extérieur. J'ai dit à l'homme que je voulais l'autre entrée... J'avais ma voiture là-bas.

"Tu veux dire l'entrée sud ?" » a-t-il demandé et il m'a donné des indications qui m'ont amené, sans autre difficulté, sur l'espace ouvert devant la grande statue équestre de l'empereur Guillaume Ier.

C'était une nuit claire et étoilée et j'ai poussé un soupir de soulagement en voyant la Schloss-Platz scintiller sous la lumière froide des lampes à arc. Le danger qui me menaçait était si pressant que l'atmosphère du Château semblait étouffante en comparaison de l'air vif de la nuit. Une confiance nouvelle remplissait mes veines à mesure que j'avançais, même si les périls auxquels je m'avançais n'étaient pas du tout moindres que ceux auxquels je venais d'échapper. Car j'avais brûlé mes bateaux. Ma disparition du Château devait sûrement éveiller les soupçons et ce n'était qu'une question d'heures pour que les cris s'élèvent après moi. Au mieux, cela pourrait être retardé jusqu'à ce que Pied Bot se présente au Château.

Je ne pouvais pas rester à Berlin, c'était clair. Mon passeport américain n'était pas en règle, et si je devais me rabattre sur mon insigne argenté, j'entrerais instantanément en contact avec la police, avec toutes sortes de conséquences fâcheuses. Non, je dois à tout prix quitter Berlin. Bien loin de la capitale, je pourrais éventuellement utiliser mon badge d'argent ou bien m'aider à me procurer des papiers d'identité qui me donneraient un statut quelconque.

Mais François ? Déconcerté comme je l'étais par cet obscur tintement allemand, quelque chose semblait me dire qu'il s'agissait d'un message de mon frère. Il était daté de Berlin, et je sentais que la solution de l'énigme, si énigme l' était , devait être trouvée ici.

J'étais arrivé à Unter den Linden. Je suis entré dans un café et j'ai commandé un verre de bière. L'endroit était un éclat de lumière et dense avec un nuage bleu de fumée de tabac. Un groupe bruyant jouait des airs populaires et un grand bourdonnement de conversations montait de chaque table. Tout était très gai et le bruit et l'agitation me faisaient du bien après la tension de la nuit.

Je sortis de ma poche le morceau de papier que Dicky m'avait donné et me mis à le scanner à nouveau. Je n'avais pas passé douze heures en Allemagne, mais j'avais déjà conscience que, pour quiconque y participe, que quelque chose se passe mal avec ses papiers d'identité, il ne pourra jamais quitter le pays. S'il avait de la chance, il pourrait mentir ; mais il n'y avait pas d'autre solution.

En supposant alors que cela soit arrivé à Francis (comme d'ailleurs Red Tabs me l'avait laissé entendre), quelle ligne adopterait-il ? Il essayait de faire passer clandestinement un message annonçant son sort. Oui, je pense que c'est ce que je ferais moi-même dans des circonstances similaires.

Eh bien, j'accepterais cela comme un message de Francis. Maintenant, il faut l'étudier une fois de plus.

Ô Eichenholz ! Ô Eichenholz !
Nous lisons si deine Blätter .
Wie Achiles in dem Zelte .
Wo zweie si bien Zanken
Erfreut sich der Dritte .

Le message était divisé en trois parties, chacune composée d'une phrase. La première phrase pourrait certainement être un avertissement selon lequel François avait échoué dans sa mission.

"O Okewood ! comme tes feuilles sont vides !"

Qu'en est-il alors des deux autres phrases ?

Ils étaient courts et simples. Quel que soit le message qu'ils transmettaient, il ne pouvait pas être long. Il était également peu probable qu'ils contiennent un rapport sur la mission de François en Allemagne, quelle qu'elle ait été. En effet, il n'était pas concevable que mon frère envoie un tel rapport à un Hollandais comme van Urutius , un homme assez sympathique, mais qui n'est qu'une simple connaissance et un étranger en plus.

Le message véhiculé par ces deux phrases devait être, j'en étais sûr, personnel et lié au bien-être de mon frère. Que voudrait-il dire ? Qu'il a été arrêté, qu'il allait être fusillé ? Peut-être, mais plus probablement, son intention en envoyant ce message était d'expliquer son silence et aussi d'obtenir de l'aide.

Mon regard revenait continuellement sur la phrase finale : « Quand *deux* personnes se disputent, le *troisième* se réjouit. »

Ces chiffres ne pourraient-ils pas faire référence au numéro d'une rue ? Dans ces deux phrases ne se cacherait-il pas une adresse où l'on pourrait retrouver François, ou au pire avoir de ses nouvelles ?

J'ai fait venir l'annuaire de Berlin. J'ai remonté la section des rues et parcouru avec impatience les colonnes des « A ». Je n'ai pas trouvé ce que je cherchais, c'était une « Achille-Strasse », soit avec deux « L », soit avec un seul.

Ensuite, j'ai essayé " Eichenholz ". Il y avait une « Eichenbaum -Allee » dans la banlieue berlinoise appelée West-End, mais c'était tout. J'ai essayé un " Blätter " ou un " Blatt-Strasse " avec un résultat tout aussi négatif.

C'était un travail décourageant, mais je suis retourné au journal. Le seul autre mot susceptible de servir de rue restant dans le puzzle était « Zelt ».

"Wie Achiles in dem Zelte ."

Avec lassitude, j'ouvris le répertoire aux "Z".

Là, me regardant en face, j'ai trouvé la rue appelée "In den Zelten ".

J'avais enfin trouvé la piste.

A den Zelten , j'ai découvert, en me référant à nouveau au répertoire, que son nom "Dans les tentes" venait du fait qu'autrefois, un certain nombre de brasseries en plein air et de stands occupaient le site qui fait face au côté nord. du Tiergarten . Ce n'était pas une longue rue. L'annuaire ne contenait que cinquante-six maisons, dont plusieurs, remarquai-je, étaient encore des cafés en plein air. Cela semblait être une artère à la mode, car la plupart des occupants étaient des gens titrés. Le numéro 3, ce qui m'a intéressé, était toujours connu comme étant le bureau berlinois du *Times* .

La dernière phrase du message donnait décidément le numéro. *Deux* doivent se référer au numéro de la maison : *le troisième* au numéro de l'étage, puisque pratiquement toutes les maisons d'habitation à Berlin sont divisées en appartements.

Quant à l' Achille , j'y ai renoncé.

J'ai regardé ma montre. Il était onze heures vingt : trop tard pour commencer mes recherches ce soir-là. Puis j'ai soudain réalisé à quel point j'étais complètement épuisé. J'avais passé deux nuits hors du lit sans dormir, car j'étais assis sur le pont en route vers la Hollande, et la succession d'aventures qui m'étaient arrivées depuis mon départ de Londres avait chassé de mon esprit toute pensée de lassitude. Mais maintenant, la réaction est venue et j'ai senti que j'avais envie d'un bain chaud et d'un bon lit confortable. Se rendre dans un hôtel à cette heure-là, sans bagages et avec un passeport américain en règle, ce serait courir au désastre. Il me semblait que je devais traîner jusqu'au matin dans les cafés et les restaurants de nuit, enquêter sur la rue In den Zelten et ensuite m'éloigner de Berlin aussi vite que possible.

Mais ma tête hochait de somnolence. Je dois me ressaisir. J'ai décidé de prendre du café noir et j'ai levé les yeux pour trouver le serveur. Ils tombèrent sur le visage pâle et la silhouette élégante du manchot que j'avais rencontré au Casino de Goch ... le jeune lieutenant qu'ils avaient appelé Schmalz.

Il venait d'entrer dans le café et se tenait sur le seuil, regardant autour de lui. J'ai ressenti un soudain malaise à sa vue, car je me souvenais de son contre-interrogatoire à Goch . Mais je ne pouvais pas m'échapper sans payer ma note ; en plus, il barrait le passage.

Il a apaisé mes doutes et mes craintes en se dirigeant directement vers ma table.

"Bonsoir, Herr Doktor ", dit-il en allemand avec son agréable sourire. "C'est en effet un plaisir inattendu ! Vous voyez donc comme nous, pauvres Allemands, nous amusons en temps de guerre. Vous avouerez que nous ne prenons pas nos plaisirs à la tristesse. Vous me le permettez ?"

Sans attendre ma réponse, il s'est assis à ma table et a commandé un verre de bière.

"J'aurais aimé que vous apparaissez plus tôt", m'exclamai-je sur le ton aussi amical que possible, "car je pars juste. J'ai fait un voyage long et fatiguant et j'ai hâte d'aller dans un hôtel."

Dès que j'ai parlé, j'ai réalisé mon erreur.

"Vous n'avez pas encore d' hôtel ?" dit Schmalz. "Pourquoi, comme c'est curieux ! Moi non plus ! Comme vous êtes un étranger à Berlin, vous devez me permettre de me désigner votre guide. Allons ensemble dans un hôtel, d'accord ?"

J'avais envie d'hésiter, aussi difficile soit-il de trouver une excuse acceptable, mais son attitude était si amicale, son offre semblait si sincère, que je sentis ma résolution vaciller. Il avait une personnalité gagnante, ce beau garçon franc. Et j'étais tellement fatiguée !

Il a perçu mes réticences mais aussi mon indécision.

"Nous irons dans n'importe quel hôtel que vous voudrez", dit-il gaiement. "Mais vous, les Américains, êtes gâtés en matière d'hôtels de luxe, je le sais. Pourtant, je vous dis que nous n'avons pas grand-chose à apprendre dans ce domaine à Berlin. Supposons que nous allions à l'Esplanade. C'est un bel hôtel... l'Américain de Hambourg c'est une ligne qui le gère , vous savez. Je suis très connu là-bas, un peu les *Hauskind* ... mon oncle était capitaine d'un de leurs paquebots. Ils nous mettront très à l'aise : ils me donnent toujours une petite suite, une chambre, un salon- chambre et salle de bain, très raisonnablement : je leur ferai faire de même pour vous.

Si j'avais été moins las, ai-je souvent pensé depuis, je me serais levé et me serais enfui du café plutôt que d'accepter une proposition aussi folle. Mais j'étais ivre de sommeil lourd et je saisis cette occasion de passer une bonne nuit, car je sentais que, sous l'égide de ce jeune officier, je pouvais compter sur le report au matin des éventuelles difficultés de passeport à l'hôtel. À ce moment-là, j'avais l'intention de quitter l'hôtel et de partir en enquête.

donc accepté la suggestion de Schmalz.

"Au fait," dis-je, "je n'ai pas de bagages. Mon sac s'est égaré d'une manière ou d'une autre à la gare et je n'ai pas vraiment envie de le chercher ce soir."

"Je vais vous soigner", répondit aussitôt l'autre, "et avec un pyjama à la mode américaine. À propos," ajouta-t-il en baissant la voix, "j'ai pensé qu'il valait mieux parler allemand. L'anglais ne s'entend pas volontiers à Berlin. tout à l' heure."

"Je comprends très bien", dis-je. Puis, pour changer de sujet, ce que je n'aimais pas particulièrement, j'ajoutai :

" Vous êtes sûrement descendu très vite de la frontière. Êtes-vous venu en train ? "

"Oh non!" il a répondu. "J'ai découvert que la voiture dans laquelle vous êtes allé à la gare... elle appartenait au monsieur qui est venu vous rencontrer, vous savez... était renvoyée à Berlin par la route, alors j'ai demandé au chauffeur de me donner un ascenseur."

Il a dit cela de manière assez légère, avec son ton de franchise habituel . Mais un instant, j'ai regretté ma décision d'aller avec lui sur l'Esplanade. Et s'il en savait plus qu'il ne semblait en savoir ?

J'ai chassé les soupçons de mon esprit.

"Bah!" Je me suis dit : "tu deviens nerveux. En plus, il est trop tard pour faire marche arrière maintenant !"

Nous avons eu une dispute amicale pour savoir qui devait payer les boissons, et cela s'est terminé par mon paiement. Puis, après une longue attente, nous avons réussi à prendre un taxi, un "growler" au look antique conduit par un octogénaire vêtu de plusieurs capes, et nous sommes allés à l'Esplanade.

C'était une véritable demeure de palais, avec un vestibule splendide aux murs et au dallage de marbres de différentes couleurs, avec des palmiers faisant de l'ombre à une petite fontaine tintant dans un bassin de jade, avec des domestiques en livrées criardes. Le réceptionniste m'a comblé par la cordialité de l'accueil qu'il a réservé à mon compagnon et « l'American gentleman », et après quelques protestations coquettes sur la difficulté de nous loger, nous a attribué une suite double à l'entresol, composée de deux chambres avec un salon et une salle de bains communs.

Dans sa tenue de soirée immaculée, c'était un Beau Brummell parmi les employés d'hôtel, cet homme-là. Les bagages du gentleman américain devraient être récupérés dans la matinée. Les papiers de monsieur ? Rien ne pressait : le Herr Leutnant expliquait à son ami les formulaires à remplir : ils pouvaient être remis au serveur le matin. Ces messieurs prendraient-ils quelque chose avant de se retirer ? Un whisky-soda, ah ! le whisky se faisait rare. Non? Rien? Il a eu l' honneur de souhaiter à ces messieurs un agréable repos.

Nous nous dirigeâmes en cortège vers l'ascenseur, Beau Brummell devant, puis un serveur, puis nous-mêmes et le portier aux tresses d'or fermant la marche. Une ou deux personnes étaient assises dans le salon, accompagnées d'un peloton de serveurs. L'ensemble donnait une impression de richesse et de luxe en totale contradiction avec les idées britanniques sur la rigueur de la vie en Allemagne sous le blocus britannique. Je ne pouvais m'empêcher de penser avec tristesse que l'Allemagne ne semblait pas vraiment ressentir les effets de cette situation.

A l'ascenseur, le cortège s'est incliné et nous sommes montés sous la conduite du liftier, un bel individu qui ressemblait à un garde suisse du pape. Nous atteignîmes le centresol en un instant. Le lieutenant ouvrit la marche dans le couloir faiblement éclairé.

"Voici le salon", dit-il en ouvrant une porte. "C'est ma chambre, ceci la salle de bain, et ceci," il ouvrit la quatrième porte, "c'est ta chambre!"

Il s'écarta pour me laisser passer. Les lumières de la pièce étaient pleinement allumées. Dans un fauteuil était assis un grand homme en pardessus.

Il avait un gros visage carré et un pied bot.

CHAPITRE X

UN VERRE DE VIN AU PIED CLUB

J'entrai hardiment dans la pièce. Tout sentiment de peur avait disparu dans une vague de colère qui m'envahissait, colère contre moi-même pour m'être laissé piéger, colère contre mon compagnon pour sa trahison.

Schmalz se tenait à mes côtés avec un sourire plein de malice sur le visage.

"Voilà maintenant!" s'écria-t-il, "vous voyez, vous êtes entre amis ! Ne suis-je pas attentionné de vous avoir préparé cette petite surprise ? Voyez, je vous ai amené chez le seul homme que vous avez traversé tant de centaines de kilomètres d'océan pour voir ! Herr Doktor " Voici le Dr Semlin . Dr Semlin : Dr Grundt . "

L'autre avait maintenant soulevé sa silhouette encombrante de la chaise.

"Dr Semlin ?" dit-il d'une voix parfaitement dénuée d'émotion, *une voix blanche* , comme disent les Français, "c'est un plaisir inattendu. Je n'aurais jamais pensé que nous nous retrouverions à Berlin. Je croyais que notre rendez-vous était fixé à Rotterdam. Mais mieux vaut tard que jamais !" Et il m'a tendu une main blanche et grasse.

"Notre ami, le Herr Leutnant ", répondis-je négligemment, "a omis de m'informer qu'il vous connaissait, et d'ailleurs il ne m'a pas prévenu que j'aurais le plaisir de vous voir ici ce soir."

"Nous devons ce plaisir", répondit Pied Bot avec un sourire qui déployait un éclat d'or dans ses dents, "à une rencontre purement fortuite au Casino de Goch , car, en effet, il semblerait que je sois également redevable au hasard pour le aubaine inattendue de faire votre connaissance personnelle ici ce soir.

En disant cela, il s'inclina devant Schmalz.

" Mais venez, poursuivit-il, si je puis avoir l'audace de vous offrir l'hospitalité de votre chambre, asseyez-vous et dégustez un verre de cet excellent Brauneberger . Le vin du Rhin doit être rare chez vous. Nous avons beaucoup à faire. dites-vous, vous et moi.

De nouveau, il montra ses dents dorées dans un sourire.

"Bien sûr," dis-je. "Mais je crains que nous ne gardions notre jeune ami loin de son lit. Sans doute, vous n'avez aucun secret pour lui, mais vous conviendrez, Herr Doktor , que notre conversation devrait mieux se dérouler en tête-à- tête ."

" Schmalz, cher ami, " s'écria Pied Bot avec un soupir de regret, " autant que je le souhaiterais… Je suis en effet vraiment désolé que nous soyons privés de votre compagnie, mais je ne peux contester la profonde exactitude de la remarque de notre ami. Si vous pouviez aller au salon quelques minutes… »

Le jeune lieutenant rougit de colère.

"Si vous préférez ma chambre à ma compagnie… bien sûr", rétorqua-t-il d'un ton bourru, "mais je pense, dans les circonstances, que je vais me coucher."

Et il tourna les talons et sortit de la pièce, fermant la porte avec plus de force que nécessaire, pensai-je.

Le pied bot soupira.

"Ach! jeunesse! jeunesse!" s'écria-t-il, "la même jeunesse impétueuse qui, en ce moment même, est en train de tailler pour l'Allemagne un empire mondial au milieu des nations en armes. Une race merveilleuse, une race de géants, notre jeunesse allemande, Herr Doktor … le ressort principal de notre grand Machine allemande – comme ils trouvent qui y résiste. Un verre de vin !

Le discours et les manières de cet homme n'étaient pas de bon augure pour moi, pensais-je. J'aurais infiniment préféré un langage violent et des menaces ouvertes à la menace subtile qui se cachait sous toute cette suavité.

"Tu fumes?" » demanda Pied Bot. "Non!" - il leva la main pour m'arrêter alors que je cherchais mon étui à cigarettes, "vous aurez un cigare - pas un de nos pauvres hamburgers allemands, mais un bon cigare Havane qui m'a été offert par un membre de l'armée anglaise. Conseil privé. Vous regardez fixement ! Aha ! Je le répète, par un membre du Conseil privé anglais, à moi, le Boche , le barbare, le Hun ! Pas de travail de trou et de coin pour le vieux docteur. *Der Stelze* peut être boiteux, Clubfoot peut être au-delà de son travail, mais quand il voyage *en mission* , il voyage *en prince* , l'homme riche et substantiel. Il n'y a personne de trop haut pour lui faire honneur , pour écouter ses vues sur l'Allemagne pauvre et égarée, le pays des penseurs vendu en esclavage aux militaristes ! Bah ! les imbéciles !

» Grogna-t-il d'un ton venimeux. Cet homme commençait à m'intéresser. Ses changements d'humeur rapides étaient fascinants, tantôt le gentil philosophe, tantôt le fanfaron germanique, tantôt l'incorporé Hun. Alors qu'il traversait la pièce en boitant pour aller chercher son étui à cigares sur la cheminée, je l'ai étudié.

C'était un homme vaste, non pas tant en raison de sa taille, qui était inférieure à la moyenne, mais de sa corpulence, qui était énorme. L'envergure de ses épaules était immense, et, bien qu'une lourde panse et un visage flasque et blanc témoignent d'une vie grossière et sédentaire, c'était manifestement un homme d'une force tout à fait inhabituelle. Ses bras en particulier étaient disproportionnés par rapport à sa stature, étant si longs que ses mains pendaient de chaque côté de lui lorsqu'il se tenait droit, comme les pattes d'un singe géant. Dans l'ensemble, il y avait quelque chose de résolument simien dans son apparence, son nez trapu aux narines velues et ouvertes, et la puberté générale de l'homme, ses sourcils broussailleux, les touffes de cheveux noirs sur ses pommettes et sur le dos de ses grandes mains en forme de bêche. . Et il y avait cela dans ses yeux, sombres et courageux sous ses sourcils hirsutes, qui faisait allusion à des accès de fureur simiesque, incontrôlable et féroce.

Il me donna son cigare qui, comme il l'avait dit, était bon, et après une première gorgée de vin, il commença à parler.

"Je suis un homme simple, Herr Doktor ", dit-il, "et j'aime parler franchement. C'est pourquoi je vais vous parler très clairement. Quand il est devenu évident à cette personne qu'il n'est pas nécessaire de nommer davantage désirant qu'une certaine lettre soit retrouvée, je m'attendais naturellement à ce que moi, qui suis un ancien membre des affaires de cet ordre, notamment pour le compte de l'intéressé, me sois chargé de cette mission. C'est moi qui ai découvert l'auteur de le vol dans un camp d'internement anglais ; c'est moi qui l'ai convaincu d'acquiescer à nos conditions ; c'est moi qui ai finalement localisé la cachette du document... tout cela, remarquez-le, sans mettre les pieds en Angleterre.

Mes pensées revinrent aux trois bouts de papier sous leur couverture en toile, à l'écusson divisé, à la grande écriture tentaculaire et verticale. J'aurais dû connaître cette main. Je l'avais vu assez souvent sur certaines photographies qui étaient mises à l'honneur dans le salon du Consistorial-Rat von Mayburg à Bonn.

"J'avais donc le droit prioritaire", poursuivit Clubfoot, "d'être chargé de la tâche importante de récupérer le document et de le rendre à l'écrivain. Mais le monsieur était pressé; le monsieur l'est toujours; il ne pouvait pas attendre." pour que ce vieux coach de pied bot mûrisse ses plans pour entrer en Angleterre, obtenir le document et en repartir.

" Bernstorff est donc appelé en consultation, le chef d'une ambassade qui a fait des services secrets allemands la risée du monde, un ambassadeur dont les papiers privés sont volés par un vulgaire voleur dans le métro et qui est assez idiot de renvoyer chez lui les documents les plus précieux par un crétin d'attaché militaire qui se laisse tout prendre par un imbécile de douanier britannique à Falmouth ! *C'est* lui qui devait *me remplacer !*

"Bernstorff est donc prié d' envoyer un de ses fidèles serviteurs en Angleterre, avec toutes les précautions appropriées, pour accomplir *mon* travail. Vous êtes choisi, et je vous ferai le compliment de vous dire que vous avez rempli votre mission d'une manière singulièrement hors du commun. de s'en tenir à la méthode habituelle de procédure des émissaires de ce monsieur.

"Mais, mon cher Doktor ... je vous en prie, remplissez votre verre. Ce cigare est bon, n'est-ce pas ? Je pensais que vous apprécieriez un bon cigare... Comme je le disais, vous étiez handicapé dès le début. Quand vous atteignez A l'endroit qui vous a été indiqué dans vos instructions, vous ne trouvez que la moitié du document. Le rusé voleur l'a coupé en deux afin de s'assurer de son argent avant de se séparer de la marchandise. Ils ne savaient bien sûr pas que Botfoot, le vieux cocher, qui a dépassé son travail, le savait déjà et avait fait ses plans en conséquence. Mais, à la fin, ils ont dû m'envoyer chercher. "Le bon Pied Bot", "le vieux", "le vieux rusé". Fox', et tout le reste, courrait en Angleterre et s'emparerait de l'autre moitié, tandis que le jeune homme intelligent d'Amérique du comte Bernstorff attendrait à Rotterdam jusqu'à ce que Herr Dr. Grundt arrive et lui remette l'autre part.

"Mais le jeune homme du comte Bernstorff ne fait rien de tel. Il est de trop pour le vieux renard. Il ne l'attend pas. Il s'enfuit, après avoir fait preuve d'une détermination inhabituelle face à un Anglais indiscret, dont le sort devrait être une leçon. à tous ceux qui se mêlent des affaires d'autrui - et va en Allemagne, laissant le pauvre vieux Botfoot dans le pétrin. Vous devez admettre, Herr Doktor , que je n'ai guère été utilisé - par vous-même ainsi que par une autre personne ?

Ma gorge était sèche d'anxiété. Que voulait dire cet homme par ses allusions voilées à « tous ceux qui se mêlent des affaires des autres » ?

Je me raclai la gorge pour parler.

Clubfoot a levé une grande main en signe de dépréciation.

"Pas d'explication, Herr Doktor , je vous en supplie" (son ton était parfaitement indifférent et amical), "laissez-moi dire ce que j'ai à dire. Quand j'ai appris que vous aviez quitté Rotterdam, laissez-moi d'ailleurs vous féliciter pour ce remarquable la fertilité des ressources dont vous avez fait preuve en quittant la maison hospitalière de Frau Schratt ; quand j'ai découvert que vous étiez partie, je me suis assis et j'ai réfléchi.

« J'ai pensé qu'un Américain avisé comme vous (croyez-moi, vous êtes très astucieux) serait probablement habitué à tout considérer du point de vue des affaires. « Je considérerai également la question du point de vue des affaires », me suis-je dit, et J'ai décidé qu'à votre place, je ne me contenterais pas non plus d'accepter, comme unique paiement du péril de ma mission, les compensations peu généreuses que le comte Bernstorff alloue à ses collaborateurs. Non, je voudrais m'assurer un peu de renommée pour moi-même, ou, si cela n'était pas possible, un gain monétaire proportionné aux risques que j'avais courus. Voyez-vous, j'ai eu soin de me mettre entièrement à votre place. J'espère n'avoir rien dit de maladroit. Si oui, je peux au moins m'abstenir de toute volonté d'offenser.

"Au contraire, Herr Doktor ", répondis-je, "vous êtes un modèle de tact et de diplomatie".

Ses yeux se plissèrent un peu à cela. Je pensais qu'il n'aimerait pas ce mot « diplomatie ».

" Un autre verre de vin ? Vous pouvez vous y aventurer en toute sécurité ; il n'y a pas de mal de tête dans une bouteille. Eh bien, Herr Doktor , puisque vous m'avez suivi si patiemment jusqu'à présent, j'irai plus loin. Je vous l'ai dit, quand j'ai vu pour la première fois vous ce soir, que j'ai été enchanté de notre rencontre. Ce n'était pas une simple banalité, mais la sobre vérité. Car, voyez-vous, je suis la personne même avec qui, dans les circonstances, vous souhaiteriez entrer en contact. Privé de l' honneur qui m'appartient à juste titre d'entreprendre seul cette mission et de la remplir seul, je trouve que vous pouvez me permettre de mener à bien cette mission, tandis que moi, pour ma part, je peux et je veux le faire. récompensez vos services comme ils le méritent et non selon l'échelle de famine de Bernstorff.

"Pour faire court, Herr Doktor ... combien ?"

Il a amené ses remarques à ce brusque déception si soudainement que j'ai été surpris. L'homme m'observait attentivement malgré toute son apparente nonchalance, et je ressentais plus que jamais la nécessité d'être sur mes gardes. Si seulement je pouvais comprendre tout ce qu'il savait. J'étais assez sûr de deux choses : le type me croyait être Semlin et avait l'impression que je conservais toujours ma partie du document. Il faudrait que je gagne du temps. Le marché qu'il m'a proposé pour la moitié de ma lettre pourrait me donner l'occasion de le faire. Et puis, je dois savoir s'il possédait réellement l'autre moitié du document et, dans ce cas, où il l'a conservé.

Il rompit le silence.

"Eh bien, Herr Doktor ," dit-il, "voulez-vous que je lance les enchères ? Vous n'avez pas besoin d'avoir peur. Je suis généreux."

Je me penchai sérieusement en avant sur ma chaise.

" Vous avez parlé avec une franchise admirable, Herr Doktor , " dis-je, " et je serai tout aussi clair, mais je serai bref. En premier lieu, je souhaite savoir que vous êtes l'homme que vous prétendez être : jusqu'à présent , tu dois te rappeler que je n'ai que l'assurance de notre jeune ami excité.

"Votre prudence est des plus louables", dit l'autre, "mais j'imagine que je porte mon nom écrit sur ma botte." Et il leva son pied hideux et difforme.

"C'est à peine une garantie suffisante," répondis-je, "dans une affaire de cette importance. Un détail comme celui-là pourrait facilement être contrefait, ou autrement prévu."

« Mon insigne », et l'homme sortit de la poche de son gilet une étoile argentée identique à celle que je portais sur mes bretelles, mais portant seulement la lettre « G » au-dessus de l'inscription « Abt. VII ».

"Cela, même", rétorquai-je, "n'est pas concluant".

L'esprit de Pied Bot était extraordinairement alerte, aussi grossier et lourd que puisse être son corps.

Il s'arrêta un instant pour réfléchir, les mains croisées sur sa grosse panse.

"Pourquoi pas?" » dit-il soudain, il tendit la main vers son étui à cigares, à côté de lui sur la table, et en sortit trois bouts de papier très glacés et recouverts de cette main inoubliable et tentaculaire, une portion d'écusson doré au sommet, bref, l'élément manquant. la moitié du document que j'avais trouvé dans le sac de Semlin . Pied Bot les tendit en éventail pour que je les voie, mais hors de ma portée, et il garda un grand pouce spatulé au-dessus de la première feuille, là où aurait dû se trouver le nom du destinataire.

"J'espère que vous êtes maintenant convaincu, Herr Doktor ", dit-il avec un sourire qui montra les dents, et, rassemblant les morceaux, il les plia, les rangea de nouveau dans l'étui à cigares et le fourra dans son poche.

Je dois tester le terrain davantage.

" Vous est-il venu à l'esprit, Herr Doktor , " demandai-je, " que nous disposons de très peu de temps ? La personne que nous servons doit attendre avec impatience... "

Pied Bot rit et secoua la tête.

"Je veux vraiment cette demi-lettre", dit-il, "mais il n'y a pas de précipitation violente. Je crains donc que vous deviez laisser cet argument de côté dans votre présentation du cas, car il n'a aucune valeur commerciale. La personne dont vous parlez n'est pas à Berlin."

J'avais entendu parler des apparitions et disparitions soudaines du Kaiser pendant la guerre, mais je n'avais pas pensé qu'elles pouvaient être assez bien gérées pour ne pas être connues de l'un de ses propres serviteurs de confiance, car c'est ce que je considérais comme étant Botfoot. De toute évidence, il ne savait rien de ma visite au Château ce soir-là, et j'ai été un instant assez antipatriotique pour souhaiter avoir gardé ma moitié de la lettre afin de pouvoir la donner à Pied Bot maintenant pour éviter la révélation à venir. « Mille dollars ! » dit Pied Bot.

Je suis resté silencieux.

"Deux ? Trois ? Quatre mille ? Mec, tu es gourmand. Eh bien, je vais en arriver à cinq mille—vingt mille marks..."

"Herr Doktor ," dis-je, "je ne veux pas de votre argent. Je veux être juste avec vous. Quand le... la personne que nous connaissons vous enverra chercher, nous irons ensemble. Vous raconterez la plus grande partie vous avez joué dans cette affaire. Je veux seulement le mérite de ce que j'ai fait, rien de plus... "

On frappa à la porte. Le portier entra.

"Un télégramme pour le Herr Doktor ", dit-il en présentant un plateau.

Quelque part à proximité, un orchestre jouait de la musique de danse... une de ces valses viennoises entraînantes et aux accents splendides. Il semblait y avoir un bal, car, par la porte ouverte de la pièce, j'entendais, mêlés aux accents de la musique, des bruits de pas et des bourdonnements de voix.

Puis la porte se referma, fermant à nouveau le monde extérieur.

"Vous me le permettez", dit sèchement Grundt en brisant le sceau du télégramme. Pour ne pas avoir l'air de l'observer, je me levai, me dirigeai vers la fenêtre et m'appuyai contre le radiateur chaud.

"Bien?" » dit une voix depuis le fauteuil.

"Bien?" J'ai fait écho.

"Je vous ai fait ma proposition, Herr Doktor : vous avez fait la vôtre. La vôtre est tout à fait inacceptable. Je vous ai dit avec beaucoup de franchise pourquoi il est nécessaire que j'aie votre part du document et la somme que je suis prêt à payer. J'ai fixé sa valeur à cinq mille dollars. Je vous paierai l'argent en espèces, ici et maintenant, en bons billets de banque allemands, en échange de ces bouts de papier.

La suavité de l'homme avait pratiquement disparu : sa voix était dure et sévère. Ses yeux brillaient sous ses sourcils hirsutes alors qu'il me regardait. Si j'avais été moins agité, j'aurais noté cela comme un présage de la tempête à venir, ainsi que ses mains de grand singe triant nerveusement le télégramme sur ses genoux.

"Je vous l'ai déjà dit," dis-je fermement, "que je ne veux pas de votre argent. Vous connaissez mes conditions !"

Il se leva de son siège et sa silhouette semblait imposante.

"Termes?" s'écria-t-il d'une voix qui frémissait de passion réprimée, "des conditions ? Comprenez que je donne des ordres. Je n'accepte de conditions de personne. Nous perdons du temps ici à parler. Venez, prenez l'argent et donnez-moi le papier."

J'ai secoué ma tête. Mon esprit était clair, mais je sentais que la crise arrivait. J'ai pris une bonne prise avec mes mains sur la dalle de marbre recouvrant le radiateur derrière moi pour me donner confiance. La dalle a cédé : mécaniquement j'ai constaté qu'elle était lâche.

L'homme devant moi tremblait de rage.

"Écouter!" il a dit. "Je vais vous donner encore une chance. Mais notez bien mes paroles. Savez-vous ce qui est arrivé à l'homme qui a volé ce document ? Les Anglais l'ont fait sortir et l'ont abattu à cause de ce qui a été trouvé dans sa maison lors de leur descente. " Savez-vous ce qui est arrivé à l'interprète du camp d'internement, qui était notre intermédiaire, qui nous a trompé en coupant le document en deux ? Les Anglais *l' ont fusillé* aussi, à cause de ce qu'on a trouvé dans les lettres qui lui sont parvenues. ouvertement par la poste ? Et qui a installé Schulte ? Et qui a installé l'autre homme ? Qui a conçu les pièges qui les ont envoyés à leur perte ? C'est *moi* , Grundt , *moi* , l'infirme, *moi* , *le pied bot, qui ai fait* envoyer ces traîtres comme un exemple pour les six mille d'entre nous qui servons notre empereur et notre empire dans les ténèbres ! Espèce de chien, je vais t'écraser !

Il bafouillait comme un singe en colère : son corps tremblait de fureur : tous les cheveux de son visage et de ses mains semblaient se hérisser de sa frénésie Berserker.

Mais il s'est tenu à l'écart de moi et j'ai vu qu'il luttait toujours pour conserver sa maîtrise de lui-même.

J'ai maintenu une façade audacieuse.

"Cela peut être bénéfique pour votre propre peuple", dis-je avec mépris, "mais cela ne m'impressionne pas, je suis citoyen américain !"

Il était plus calme maintenant, mais ses yeux brillaient dangereusement.

« Un citoyen américain ? dit-il d'un ton glacial. Puis il m'a sifflé :

"Espèce d'imbécile ! Imbécile aveugle et abrutissant ! Pensez-vous pouvoir jouer avec la puissance de l'Empire allemand ? Ah ! J'ai joué un joli jeu avec vous, sale chien anglais ! Je vous ai vu vous tortiller et vous tordre pendant que le " Cet idiot d'Allemand t'a raconté sa jolie petite histoire et t'a gâté avec son vin et ses cigares. Tu es en notre pouvoir maintenant, misérable chien anglais ! Tu comprends ça ? Maintenant appelle ta flotte pour qu'elle vienne te sauver ! "

"Écoutez ! Je serai franc avec vous jusqu'au bout. J'ai eu des soupçons à votre égard dès le début, quand ils m'ont téléphoné, que vous vous étiez échappé de l'hôtel, mais je voulais m'en assurer . Depuis que vous avez été dans cette pièce, j'ai eu le pouvoir de pousser la sonnette et de vous envoyer à Spandau, où l'on nous a débarrassés de chiens aussi sales que vous.

"Mais le jeu m'a amusé. J'aimais voir le Herr Englander jouer l'espion contre *moi* , le maître de tous. Sais-tu, imbécile, que la vieille Schratt connaît l'anglais, qu'elle a passé des années de sa vie de prostituée à Londres, et que lorsque vous lui avez laissé entrevoir ce passeport, votre propre passeport, celui que vous avez si adroitement brûlé, elle s'est souvenue du nom ? Ah ! vous ne le saviez pas, n'est-ce pas ?

" Dois-je vous dire ce qu'il y avait dans ce télégramme qu'ils viennent de m'apporter ? C'était de Schratt , notre fidèle Schratt , qui aura un bracelet pour le travail de cette nuit, de dire que le cadavre de l'hôtel a une chaîne autour du cou avec un une plaque d'identité au nom de Semlin ... Ha ! ça non plus, vous ne le saviez pas, n'est-ce pas ?

"Et *tu* marchanderais et tu plaisanterais avec moi ! *Tu* dicterais tes conditions, espèce de canaille ! *Toi* la tête dans un nœud coulant, un espion qui a échoué dans sa mission, un misérable que je peux envoyer à la mort d'un coup de poing. mon petit doigt ! Espèce de chien impudent ! Eh bien, vous aurez ce que vous méritez cette fois, capitaine Desmond Okewood ... mais j'aurai ce papier d'abord !

Rugissant "Donnez-le-moi!" il s'est précipité sur moi comme une bête sauvage de la jungle. Les veines ressortaient au niveau de ses tempes, ses narines velues s'ouvraient et se fermaient à mesure que sa respiration s'accélérait, ses longs bras jaillissaient et ses grandes pattes s'agrippaient à ma gorge.

Mais je l'attendais. Alors qu'il s'approchait de moi, j'entendis son pied bot heurter le sol ciré, puis, depuis le radiateur derrière moi, j'ai soulevé haut dans mes bras la lourde dalle de marbre et, avec chaque once de force de mon corps, je l'ai fait s'écraser sur le sol. sa tête.

Il tomba comme une bûche, le sang coulant lentement de sa tête sur le parquet. Je m'arrêtai un instant, sortis l'étui à cigares de la poche où il l'avait placé, en extrayai le document et m'enfuis de la pièce.

CHAPITRE XI

Mlle Mary PRENDERGAST RISQUE SA RÉPUTATION

Les chambres de notre suite étaient communicantes afin qu'on puisse passer de l'une à l'autre sans passer par le couloir. Schmalz s'était retiré ainsi, passant de ma chambre à sa propre chambre en passant par la salle de bains. Dans l'excitation du moment , j'ai tout oublié, sans quoi je n'aurais pas négligé une précaution aussi élémentaire que de faire glisser le verrou de la porte communiquant entre ma chambre et la salle de bains.

Alors que je sortais dans le couloir, avec le fracas de ce corps lourd résonnant encore à mes oreilles, j'ai cru entendre le bruit d'un pas léger dans la salle de bain ; l'instant d'après, j'entendis une porte s'ouvrir puis une forte exclamation d'horreur dans la pièce que je venais de quitter.

Le couloir était sombre et désert. L'endroit semblait inhabité. Aucune botte ne se trouvait à l'extérieur des pièces, et les portes ouvertes, les unes après les autres, suffisaient à indiquer que les appartements auxquels elles conduisaient étaient inoccupés.

Je n'ai pas pris le temps de raisonner ou de planifier. En entendant ce long cri d'horreur, je me précipitai aveuglément dans le couloir à toute vitesse, le suivis par la droite, puis, apercevant un petit escalier, le montai trois marches à la fois. Alors que j'atteignais le sommet, j'ai entendu un grand cri quelque part à l'étage inférieur. Puis une porte claqua, il y eut un bruit de pas qui couraient et... le silence.

Je me suis retrouvé à l'étage suivant dans un couloir semblable à celui que je venais de quitter. Comme lui, c'était désolé et faiblement éclairé. Comme lui, il montrait pièce après pièce silencieuse et vide. Tout agité que j'étais, le contraste avec le vestibule lumineux et animé et la foule de domestiques en uniforme en contrebas était si marqué qu'il me frappa avec une force convaincante. Même les hôtels, semblait-il, faisaient partie intégrante du grand bluff publicitaire allemand que j'avais noté en lisant les journaux allemands à Rotterdam.

Je n'avais aucun plan en tête, seulement un désir fou de mettre le plus de distance possible entre moi et cet homme-singe dans la pièce du dessous. Alors, après m'être arrêté un moment pour écouter et reprendre mon souffle, j'ai recommencé. Soudain, une porte au bout du couloir, à moins de dix pas de moi, s'est ouverte et une femme est sortie. Je m'arrêtai net dans ma fuite en avant, mais il était trop tard et je me retrouvai face à elle.

Elle était jeune et très belle avec des masses de cheveux bruns épais rassemblés autour d'un front très blanc. Elle était en robe de soirée, toute de blanc, avec une cape d'hermine.

Même en la regardant , je la connaissais et elle me connaissait.

"Monica", murmurai-je.

"Pourquoi ! Desmond !" dit-elle.

Un brouhaha régulier résonnait d'en bas. Des voix criaient, des portes claquaient, des bruits de pas.

La jeune fille parlait, disant de sa voix basse et agréable des phrases qui m'étaient vagues sur sa surprise, sa joie de me voir. Mais je ne l'ai pas écoutée. Je tendais l'oreille vers ce volume de bruits chaotiques qui montaient d'en bas.

« Monica ! » Je l'interrompis rapidement : "Avez-vous un endroit où me cacher ? Cet endroit est dangereux pour moi... Je dois m'enfuir. Si vous ne pouvez pas me sauver, ne restez pas ici mais fuyez aussi vite que possible." " Ils sont après moi et s'ils t'attrapent avec moi , ce sera mauvais pour toi ! "

Sans un mot, la jeune fille se tourna vers la pièce qu'elle venait de quitter. Elle m'a fait signe, puis a frappé et est entrée. Je l'ai suivie. C'était une grande et agréable chambre, élégamment meublée, avec un tapis moelleux, des tentures de soie, et je ne sais quoi, des lumières tamisées et des fleurs à profusion. Assise dans le lit se trouvait une femme corpulente et placide, vêtue d'un kimono de soie rose, avec ses cheveux coquettement tressés en deux courtes nattes qui pendaient de chaque côté de son visage.

Monica ferma doucement la porte derrière elle.

"Pourquoi, Monique !" s'exclama-t-elle avec horreur - et son discours était celui des États-Unis - "que diable... ?"

"Pas un mot, Mary, mais laisse-moi t'expliquer..."

"Mais pour l'amour de la terre, Monica..."

"Mary, je veux que tu m'aides..."

"Mais dis, mon enfant, un homme... dans ma chambre... à cette heure de la nuit..."

"Oh, merde, Mary ! laisse-moi parler."

La détresse de la femme au lit était si comique que je pouvais à peine m'empêcher de rire. Elle avait remonté les draps jusqu'à ce qu'on ne voie que ses yeux. Ses nattes s'agitaient sous l'effet de son émotion.

"Maintenant, Mary chérie, écoute ici. Tu es un de mes amis. Voici Desmond Okewood , un autre, un très vieil et très cher ami à moi aussi. Eh bien, tu sais, Mary, ce n'est pas un pays sain en ce moment. pour un officier anglais. Voilà ce qu'est Desmond ici. Je ne savais pas qu'il était en Allemagne. Je ne sais rien de lui à part ce qu'il m'a dit et c'est qu'il est en danger et veut que je l'aide. J'ai rencontré je l'ai amené dehors et je l'ai amené ici, comme je sais que tu aimerais que je le fasse, n'est-ce pas, chérie ?"

La dame passa son nez par-dessus les draps.

"Présentez correctement monsieur, Monica!" dit-elle sévèrement.

"Capitaine Okewood ... Miss Mary Prendergast", a déclaré Monica.

La tête de la dame, avec ses nattes et tout, apparut maintenant. Elle semblait quelque peu apaisée.

"Je ne peux pas dire que j'approuve ta façon de faire, Monica," observa-t-elle, mais moins sévèrement qu'auparavant, "et je ne peux pas penser à ce qu'un officier anglais veut dans ma chambre à dix heures moins deux heures du matin. , mais si ces Allemands veulent le retrouver, je peux peut-être comprendre !"

Ici, elle sourit affectueusement à la belle fille à mes côtés.

"Ah! Mary, tu es une chérie", répondit Monica.

"Je savais que vous nous aideriez. Eh bien, un officier britannique en Allemagne... n'est-ce pas trop excitant ?"

Elle s'est tournée vers moi.

"Mais, Des," dit-elle, "que veux-tu que je fasse ?"

Je savais que je pouvais faire confiance à Monica et j'ai décidé que je ferais aussi confiance à son amie… elle ressemblait bien à une femme blanche. Et si elle était une amie de Monica, son cœur serait à la bonne place. Francis et moi avions connu Monica presque toute notre vie. Son père avait vécu des années... voire jusqu'au jour de sa mort... à Londres en tant que principal représentant européen d'une grande maison financière américaine. Ils vivaient à côté de chez nous à Londres et Francis et moi connaissions Monica depuis l'époque où elle était une jolie gamine en jupes courtes jusqu'à ce qu'elle fasse ses débuts et que l'ambassadrice américaine la présente au palais de Buckingham. À différentes étapes de notre vie, Francis et moi avions été amoureux d'elle, je crois, mais ma vie dans l'armée m'avait gardé beaucoup à l'étranger, donc Francis l'avait vue la plupart d'elle et avait été le plus durement touché.

Puis le père mourut et Monica partit voyager à l'étranger en grand état, comme il sied à une jeune héritière, avec un chaperon américain prodigieusement respectable et une suite de serviteurs. Je n'ai jamais connu l'issue de l'affaire entre elle et François, mais dans l'une des ambassades allemandes à l'étranger – je pense à Vienne – elle a rencontré le jeune comte Rachwitz , chef d'une des grandes maisons nobles silésiennes, et l'a épousé.

Ce n'est pas sur la pierre habituelle – l'argent – que ce mariage germano-américain a échoué, car le comte était lui-même très riche. J'avais cru que l'attitude habituelle de l'Allemand à l'égard des femmes ne convenait pas à l'esprit indépendant de la jeune fille en apprenant que Monica, quelques années après son mariage, avait quitté son mari et était partie vivre en Amérique. Je ne l'avais pas vue depuis qu'elle avait quitté Londres et, même si nous nous écrivions de temps en temps, je n'avais pas eu de nouvelles d'elle depuis le début de la guerre et je n'avais aucune idée qu'elle était revenue en Allemagne. Monica Rachwitz était en fait la dernière personne que j'aurais pu m'attendre à rencontrer à Berlin en temps de guerre.

Alors, aussi brièvement que possible et en écoutant attentivement tout bruit provenant du couloir, j'ai raconté aux deux femmes l'histoire de la disparition de Francis et de mon voyage en Allemagne pour le chercher. A l'évocation du nom de mon frère, je remarquai que la jeune fille se raidissait et que son visage se raidissait, mais lorsque je lui parlai de mes craintes pour sa sécurité, ses yeux bleus me parurent s'assombrir. Je leur racontai mon aventure à l'hôtel de Rotterdam, ma réception dans la maison du général von Boden et mon entretien au Château, me terminant par les expériences de cette nuit, le piège qui m'avait été tendu à l'hôtel et ma rencontre avec Pied Club. dans la salle du dessous. Deux choses seulement que j'ai gardées : le message de François et le document. J'ai décidé en moi-même que moins il y aurait de personnes dans ces secrets, plus ils seraient en sécurité. Je crains donc que le récit de mon entrevue avec l' empereur n'ait été un peu tronqué, car j'ai fait croire que je ne savais pas pourquoi j'avais été convié à cette présence et que notre conversation avait été interrompue avant que j'aie pu en découvrir la raison.

Les deux femmes écoutaient avec des visages graves. Monica ne m'a interrompu qu'une seule fois. C'est à ce moment-là que j'ai mentionné le général von Boden.

"Je connais la bête", dit-elle. "Mais, oh, Des !" s'exclama-t-elle, "vous semblez être tombé parmi les meilleurs de ce pays. C'est un groupe difficile à traverser. Je crains que vous ne couriez un terrible danger."

"Je te crois, Monica," répondis-je assez tristement. "Et c'est justement là que je me sens si bête de m'en remettre à ta miséricorde de cette façon. Mais j'étais plutôt désespéré quand je t'ai rencontré tout à l'heure et je ne savais pas vers qui me tourner. Pourtant, je veux que tu comprennes que si vous ne pouvez que me sortir de cet endroit , je ne vous dérangerai pas davantage. Je suis venu dans ce pays sous ma propre responsabilité et j'y parviens seul. Je n'ai pas l'intention d'impliquer quelqu'un d'autre avec moi. Mais j'avoue Je ne crois pas qu'il soit possible de s'éloigner de cet hôtel. Ils surveillent chaque porte maintenant. En plus..."

Je m'arrêtai brusquement. Un bruit extérieur attira mon oreille attentive. Des pas approchaient dans le couloir. J'ai entendu les portes s'ouvrir et se fermer. Ils me cherchaient, étage par étage, pièce par pièce.

"Ouvre cette armoire", dit une voix depuis le lit : une voix ferme et professionnelle qu'il faisait bon entendre. "Ouvre-le et entre tout de suite, jeune homme ; mais ne va pas gâcher mes belles robes quoi que tu fasses ! Et toi, Monica, vite ! Éteins toutes ces lumières sauf celle près du lit. Bien ! Maintenant va au porte et demande-leur ce qu'ils veulent dire en faisant ce bruit à cette heure de la nuit avec moi malade et tout !"

Je suis entré dans l'armoire et Monica m'a enfermé. J'ai entendu la porte de la chambre s'ouvrir, puis des voix. J'ai attendu patiemment cinq minutes, puis la porte de l'armoire s'est rouverte.

"Sortez, Des", dit Monica, "et remerciez Mary Prendergast pour son intelligence."

"Qu'ont ils dit?" J'ai demandé.

"L'employé de la réception était là. Il s'est excusé - ils me connaissent ici, voyez-vous. Il m'a raconté comment un type avait lancé une attaque désespérée contre un monsieur à l'étage inférieur et s'était enfui. Ils pensaient qu'il devait se cacher quelque part. à l'hôtel. Je lui ai dit que j'étais assis ici depuis une heure à discuter avec Miss Prendergast et que nous n'avions pas entendu un bruit. Ils sont alors partis !"

« Vous ne surprendrez aucun Deutscher en train de tromper Mary Prendergast », dit la joviale dame dans le lit ; "Mais, les enfants, et ensuite ?"

Monica parla, assez calmement. Elle a toujours été parfaitement maître d'elle-même.

"Mon frère s'arrête avec moi dans notre appartement de la Bendler - Strasse", dit-elle. "Vous vous souvenez de Gerry, Des, il s'est fait défoncer en plein vol, vous savez, et il est pratiquement infirme. Il va tellement mieux ici que j'ai essayé de trouver un préposé pour s'occuper de lui, l'habiller, etc. , mais nous n'avons trouvé personne, les hommes sont si rares de nos jours ! Tu pourrais venir avec moi, Des, et prendre la place de cet homme pour un jour ou deux... J'ai bien peur que cela ne puisse pas être plus long, pour un il faudrait vous enregistrer auprès de la police – tout le monde doit être enregistré, vous savez – et je suppose que vous n'avez aucun papier valable – maintenant.

"Tu es trop gentille, Monica," répondis-je, "mais tu risques trop et je ne peux pas accepter."

"Il n'y a aucun risque pendant un jour ou deux", a-t-elle déclaré. "Je suis une personne importante dans l'Allemagne officielle, vous savez, avec mon mari ADC du maréchal von Mackensen : et je pourrai toujours dire que j'ai oublié d'envoyer vos papiers. S'ils me tombent dessus par la suite , je devrais dire que j'avais l'intention de m'inscrire. mais tu as dû te renvoyer brusquement... pour boire !"

"Mais comment puis-je sortir d'ici ?" Je m'y suis opposé.

"Je suppose que nous pouvons résoudre ce problème aussi", a-t-elle répondu. "Ma voiture vient me chercher à deux heures - ce doit être ça maintenant - j'ai été à un bal en bas - une des filles Radolin se marie demain - c'était tellement ennuyeux que j'ai couru ici et j'ai réveillé Mary Prendergast pour parler. Tu seras mon chauffeur ! Je sais que tu conduis une voiture ! Tu devrais pouvoir diriger la mienne... c'est une Mercédès .

"Je peux conduire n'importe quelle vieille voiture", dis-je, "mais j'ai de la chance..."

"Attends ici!" s'écria cette fille remarquable, et elle sortit en courant de la pièce.

Pendant vingt minutes, je suis resté debout et j'ai bavardé avec Miss Prendergast. Ce furent les vingt minutes les plus longues que j'ai jamais passées. De toute façon, j'étais mort de fatigue, mais ma situation désespérée maintenait mes pensées si occupées que, malgré tous mes efforts pour être poli, je crains que ma conversation n'ait été extrêmement bouleversée.

" Pauvre garçon ! " » dit soudain Miss Mary Prendergast, ignorant totalement une remarque profonde que je faisais concernant la politique de M. Wilson, « ne continuez pas à me parler ! Asseyez-vous sur cette chaise et allez dormir ! Vous avez l'air tout simplement battu !

Je me suis assis et j'ai hoché la tête dans le fauteuil.

Soudain, j'étais réveillé. Monica se tenait devant moi. Elle sortit de sous sa cape une casquette de livrée et un uniforme.

" Mettez ces choses, " dit-elle, " et écoutez attentivement. En sortant d'ici, tournez à droite et prenez le petit escalier que vous trouverez à droite. Descendez en bas, franchissez les portes vitrées et traversez. la chambre que vous y trouverez, à une porte dans un coin qui mène à l'entrée de la salle de bal de l'hôtel. Je vous donnerai mon enveloppe d'hermine à porter. J'y attendrai. Vous m'aiderez à enfiler mon manteau et m'escorterez. à la voiture. Est-ce clair ?

"À la perfection."

"Maintenant, faites encore attention, car je ne pourrai plus vous parler. Je devrai vous donner vos indications pour trouver le chemin de la Bendler - Strasse."

Elle le fit et ajouta :

"Conduisez prudemment, quoi que vous fassiez. Si nous avions un accident et que la police intervenait, cela pourrait être très gênant pour vous."

« Mais votre chauffeur, dis-je, que va-t-il faire ?

"Oh, Carter," répondit-elle négligemment, "il est mort de chatouilles... il est américain, tu vois... il m'a conduit au Tiergarten tout à l'heure et a enlevé sa livrée, puis m'a ramené ici, est descendu et allé à la maison."

"Mais peux-tu lui faire confiance ?" Ai-je demandé avec inquiétude.

"Comme moi", dit-elle. "D'ailleurs, Carter est allé en Belgique... il a conduit le comte Rachwitz , mon mari, alors qu'il était de service là-bas. Et Carter n'a pas oublié ce qu'il a vu en Belgique !"

Elle m'a donné la clé du garage et des instructions supplémentaires sur la façon de monter la voiture. Carter me donnait un lit au garage et m'amenait à la maison tôt le matin comme si je postulais pour le poste de préposé à Gerry.

"Je vais descendre en premier", dit Monica, "afin de ne pas vous faire attendre. Mon Dieu, mais ils sont secoués en bas - toute la foule au bal d'Olga von Radolin s'est emparée de l'histoire et l'endroit est plein de policiers. ... Mais il n'y aura aucun danger si vous vous dirigez droit vers moi dans le hall et si vous gardez le visage détourné de la foule autant que possible.

Elle embrassa Miss Prendergast et s'éclipsa. Quel magnifique couple de femmes : si admirablement cool et pleines de ressources : elles semblaient avoir pensé à tout.

"Bonne nuit, Miss Prendergast", dis-je. "Vous m'avez rendu un bon service. Je ne l'oublierai jamais !" Et comme seul moyen dont je disposais pour lui témoigner ma gratitude, je lui baisa la main.

Elle s'est colorée comme une fille.

"Cela fait longtemps que personne n'a fait ça à une vieille femme idiote comme moi", dit-elle d'un ton songeur. « Est-ce vous ou votre frère, » demanda-t-elle brusquement, « qui avez failli briser le cœur de ma pauvre fille ?

"Je n'aimerais pas le dire", répondis-je; "Mais je ne pense pas, à titre personnel, que Monica se soit jamais suffisamment souciée de moi pour que je plaide coupable."

Elle renifla avec mépris.

« Si tel est le cas, dit-elle, tout ce que je peux dire, c'est que vous semblez avoir tout le cerveau de votre famille !

Sur ce, je pris congé.

J'atteignis le vestibule de la salle de bal sans rencontrer personne. La place était bondée de monde, des officiers en uniforme, scintillants de décorations, des femmes en tenue de soirée, des cochers, des valets de pied, des chauffeurs, des serveurs. Tout le monde parlait à seize à dix, et il y avait des groupes de personnes si denses qu'au début je ne pouvais pas voir Monica. Deux policiers se tenaient devant les portes battantes donnant sur la rue, et avec eux un civil qui ressemblait à un détective. J'ai aperçu Monica, presque à côté du détective, en train de parler à deux agents très élégants. Je traversai le vestibule, tournai le dos au détective et restai impassible à côté d'elle.

"Ah ! te voilà, Carter !" dit-elle. " Gute Nacht, Herr Baron ! Auf wiedersehen , Durchlaucht ! "

Les deux policiers lui ont embrassé la main pendant que je l'aidais à enfiler son écharpe. Puis je suis sorti directement des portes battantes devant elle, sans regarder ni à droite ni à gauche, dépassant le détective et les deux policiers. Le détective m'a peut-être regardé : si c'est le cas, je ne m'en suis pas aperçu. J'avais décidé de ne pas le voir.

Dehors, Monica a pris les devants et m'a conduit jusqu'à une limousine couleur chocolat garée sur le trottoir. J'ai constaté avec consternation que le moteur était arrêté. Cela pourrait signifier un retard supplémentaire pendant que je montais en puissance. Mais un sympathique chauffeur qui se trouvait à proximité a saisi la poignée et a démarré le moteur pendant que j'aidais Monica à monter dans la voiture, et l'instant d'après, nous glissions doucement sur l'asphalte sous les lampes à arc scintillantes.

La Bendler -Strasse se trouve à la sortie du Tiergarten , non loin de l'Esplanade, et je m'y suis rendu sans trop de difficultés. Je me flatte que Monica et moi avons bien joué notre rôle, et je suis sûr que rien n'aurait pu être plus professionnel que la façon dont je l'ai aidée à descendre. C'était un immeuble et elle avait la clé de la porte d'entrée, alors, après l'avoir vue en sécurité à l'intérieur des portes, je suis retourné à la voiture et je l'ai conduite jusqu'au garage par une chaussée menant à l'arrière des locaux.

Alors que j'ouvrais les doubles portes du garage, un homme descendit une échelle à l'extérieur de la place menant à la chambre haute.

« Est-ce que ça a bien fonctionné, monsieur ? Il a demandé.

"Est-ce que c'est Carter ?" J'ai dit .

" Bien sûr , c'est moi", fut la réponse joyeuse. « Attendez maintenant et nous allons la faire entrer. Ensuite, je vous montrerai où vous allez dormir !

Nous avons rangé la voiture et il m'a emmené à l'étage dans ses quartiers, une petite pièce lumineuse avec de la lumière électrique, une table avec une nappe rouge, un feu ouvert joyeux et deux lits. Les murs étaient ornés d'images découpées dans les suppléments américains du dimanche, pour la plupart des études féminines et équestres.

"C'est un peu dur, monsieur," dit Carter, "mais c'est le mieux que je puisse faire. Bon sang ! mais vous avez l'air si fatigué , je suppose que vous pourriez dormir n'importe où !"

C'était un garçon sympathique, d'apparence agréable mais laid, avec un nez boutonné et des yeux honnêtes.

"Dis, mais j'aime penser à la façon dont nous avons trompé ces Deutschers ", rigola-t-il. Il n'arrêtait pas de rire pendant que j'enlevais mes bottes et commençais à me déshabiller.

« Voilà votre lit, » dit-il en désignant ; "Le valet de chambre dormait là mais ils l'ont attrapé pour l'armée. Il y a un pyjama de M. Gerry pour toi et tu trouveras une tasse de duvet de cacao à réchauffer près du feu. C'est un peu dur, mais c'est le meilleur nous pouvons le faire. Je suppose que tu veux vraiment t'endormir, alors je vais descendre. Le lit est propre... il y a des draps propres dessus...."

"Mais je ne te chasserai pas de ta chambre", dis-je. "Il y a deux lits. Vous devez prendre le vôtre."

"Ne vous inquiétez pas pour moi," répondit-il. "Je vais m'installer confortablement dans le garage. Je ne vois pas souvent un gentleman dans ce pays idiot , et quand je le vois, je sais comment le traiter."

Il n'a pas voulu m'écouter, mais il est descendu les escaliers d'un pas hésitant. En partant , je l'entendis murmurer :

"Eh bien ! mais nous avons sûrement trompé ces Deutschers !"

J'ai bu le cacao de cet admirable garçon ; Je me réchauffais à son feu. Puis, le cœur reconnaissant, je me suis glissé dans mon lit et j'ai sombré dans un sommeil profond et sans rêves.

CHAPITRE XII

SON EXCELLENCE LE GÉNÉRAL EST INQUIET

Je me suis assis avec Monica dans son boudoir qui, contrairement aux pièces allemandes habituelles, avait une cheminée à foyer ouvert dans laquelle brûlait un feu joyeux. Monica, vêtue d'un ravissant kimono, était perchée sur le siège à rampe en cuir qui courait autour de la cheminée, un petit pied dans une pantoufle de satin tendu vers le feu. Dans cette jolie chambre, elle fit un charmant tableau qui me fit presque oublier un instant les multiples dangers qui m'assaillaient.

Le vaillant Carter s'était noblement acquitté de sa tâche. Quand je me suis réveillé, me sentant comme un géant rafraîchi, il faisait allumé joyeusement le feu dans la cheminée, tandis que sur la table était étalé un délicieux petit-déjeuner composé de thé, d'œufs au plat et de biscuits.

"Il n'y a aucune raison de se gâcher à l'intérieur avec leur foutu pain de guerre," gazouilla-t-il. "Mlle Monica, elle me donne des biscuits, comme elle-même. Je l'appelle toujours Miss Monica", a-t-il expliqué, "comme ce qu'ils faisaient chez son oncle à Long Island, où je travaillais."

Après le petit-déjeuner, il nous sortit de l'eau chaude, un rasoir de sûreté et d'autres accessoires de toilette, une chemise et un col propres, un pardessus et un chapeau Stetson — tout cela provenait de la garde-robe de Gerry, présumai-je. Mes bottes aussi étaient magnifiquement cirées, et c'est comme un homme tout à fait neuf, frais d'esprit et propre de corps, que je me présentai, vers dix heures du matin, à la porte d'entrée et demandai la "Frau Gräfin" . ". Sur les conseils de Carter, j'avais enlevé ma moustache, et mon visage rasé de près, ainsi que mon chapeau de feutre noir et mon pardessus sombre, me donnaient, je pense, cette apparence de respectabilité plutôt austère qu'on recherche chez un domestique masculin.

Maintenant, Monica et moi nous sommes assis et avons examiné la situation ensemble.

« Les domestiques allemands passent leur vie à fouiner dans les affaires de leurs maîtres, dit-elle, mais nous ne serons pas interrompus ici. Cette porte mène à la chambre de Gerry : il dormait quand je suis entrée tout à l'heure. Je vous emmène. en lui maintenant. Maintenant, parlez-moi de vous... et de Francis !

Je lui racontai encore, mais plus longuement, tout ce que je savais de François, de sa mission en Allemagne, de son long silence.

« J'ai agi par impulsion, dis-je, mais, croyez-moi, j'ai agi pour le mieux. Seulement, tout semble avoir conspiré contre moi. au trône. »

" Peu importe, Des, " dit-elle en se penchant et en posant une petite main sur mon bras, " c'était pour Francis ; toi et moi ferions tout pour l'aider, n'est-ce pas ?... s'il est encore en vie. " L'impulsion n'est pas une si mauvaise chose, après tout. Si j'avais agi par impulsion une fois, peut-être que le pauvre Francis ne serait pas dans la situation où il se trouve aujourd'hui...."

Et elle soupira.

"Les choses semblent assez noires, Des", a-t-elle poursuivi. "Peut-être que toi et moi n'aurons plus l'occasion d'avoir une autre conversation comme celle-ci et c'est pourquoi je vais vous dire quelque chose que je n'ai jamais dit à personne d'autre. Je vous le dis seulement pour que vous sachiez que, quoi qu'il arrive, vous trouverez toujours en moi un allié dans votre recherche... même si, lié comme je le suis, je ne pense guère pouvoir jamais vous aider beaucoup.

"Ton frère voulait que je l'épouse. Je l'aimais plus que quiconque que j'avais jamais rencontré... ou que j'ai rencontré depuis, d'ailleurs... Papa était mort, j'étais absolument libre de me faire plaisir, donc non des difficultés se dressaient sur mon chemin. Mais ton frère était fier... sa fierté était plus grande que son amour pour moi, je lui ai dit quand nous nous sommes séparés... et il n'entendrait parler de mariage que lorsqu'il serait devenu indépendant, même si je J'en avais assez pour nous deux. Il voulait que j'attende un an ou deux jusqu'à ce qu'il démarre correctement son entreprise, mais sa fierté m'a mis en colère et je ne l'ai pas fait.

" Nous nous sommes donc disputés et je suis parti à l'étranger avec Mme Rushwood . Francis n'a jamais écrit : tout ce que j'ai entendu parler de lui, c'était des bribes occasionnelles dans vos lettres. Mme Rushwood était folle de titres et elle m'a fait courir de cour en cour, toujours à la recherche de titres. pour ce qu'elle appelait un *pari convenable* pour moi. A Vienne, nous avons rencontré Rachwitz ... il était très beau et très poli et semblait vraiment m'aimer.

"Eh bien, j'ai donné une autre chance à Francis. Je lui ai écrit une lettre amicale et lui ai dit que Rachwitz voulait m'épouser et je lui ai demandé son avis. Il m'a répondu une lettre bestiale, une lettre méchante, Des. "Toute fille assez idiote se vendre pour un titre, dit-il, mérite amplement un mari allemand. Que penses-tu de cela?"

"Pauvre vieux Francis", dis-je. "Il t'aimait terriblement, Monica !"

"Eh bien, sa lettre l'a fait. J'ai épousé Rachwitz ... et je suis malheureux depuis. Je ne vais pas vous ennuyer avec une longue histoire sur mes problèmes matrimoniaux. Non ! Je ne vais pas pleurer non plus ! Je Je ne pleure pas ! Karl n'est pas un mauvais homme, comme le disent les Allemands, et c'est un gentleman, mais ses aventures amoureuses, ses soirées arrosées et son attitude d'esprit à mon égard... c'était tellement différent de tout ce que j'avais été. avant. Et puis, tu sais, je l'ai quitté...."

"Mais, Monica," m'exclamai-je, "qu'est-ce que tu fais ici alors ?"

Elle soupira avec lassitude.

"Je suis allemande par alliance, Des", dit-elle, "vous ne pouvez pas y échapper. Le pays de mon mari... mon pays... est en guerre et les épouses doivent jouer leur rôle, là où elles le souhaitent. " C'est. Karl ne m'a jamais demandé de revenir, je lui en attribue le mérite. Je suis venu de mon propre chef parce que je sentais que ma place était ici. Alors je vais aux fêtes de travaux d'aiguille, aux abeilles à coudre et aux matinées de la Croix-Rouge et j'essaie d'être courtoise envers les femmes allemandes et d'écouter leurs vantardises et leurs vantardises à propos de leur armée, leur hypocrisie à l'égard de la Belgique, leur diffamation envers les meilleurs amis que papa et moi ayons jamais eu, vous les Anglais ! Mais faire mon devoir envers mon mari ne m'interdit pas de aide mes amis lorsqu'ils sont en danger. C'est pourquoi tu peux compter sur moi, Des."

Et elle m'a tendu la main.

"Je veux aussi être franc avec toi," dis-je, "ainsi, quoi qu'il m'arrive, tu n'auras pas l'impression que je t'ai trompé sur certaines choses. Je ne peux pas dire grand-chose parce que mon secret n'est pas sain pour quiconque. partager, et s'ils tracent quelque lien entre vous et moi, s'ils m'attrapent, il vaudra mieux que vous n'ayez rien connu de compromettant. Mais je veux vous dire ceci. Il y a en jeu une considération qui est plus élevée que ma propre sécurité, plus élevée encore que celle de François. Je ne crois pas avoir peur de mourir : si je m'enfuis ici, je serai probablement tué tôt ou tard au front : c'est à cause de cette considération dont je parle que je veux pour m'en sortir avec ma vie en Angleterre."

Monica rit joyeusement.

« Pourquoi les hommes nous prennent-ils toujours pour des imbéciles ? » dit-elle. "Tu es un homme dangereux à côtoyer, Des, je le sais, sans me soucier d'un quelconque vieux secret. Mais tu es mon ami et le frère de Francis et je vais t'aider.

"Maintenant, écoutez ! Le vieux von Boden était à cette soirée hier soir : il est arrivé tard. Rudi von Boden, m'a-t-il dit, va porter des dépêches en Roumanie, au quartier général de Mackensen . Eh bien, j'ai téléphoné au vieil homme ce matin et je lui ai demandé si Rudi voulait bien apporter un colis pour moi à Karl. Il a dit qu'il le ferait et le général vient ici déjeuner aujourd'hui pour le chercher.

" Von Boden est une vieille bête et court après chaque femme qu'il rencontre. Il a un faible pour moi, s'il vous plaît, monsieur. Je pense que je devrais pouvoir découvrir auprès de lui quels sont les derniers développements dans votre cas. ... Il n'y a rien dans le journal de ce matin sur l'affaire de l'Esplanade. Mais ensuite, ces choses-là sont toujours étouffées.

"Il ne dira pas grand-chose dans ces circonstances", objectai-je. "Après tout, le Kaiser est impliqué..."

"Mon cher Des, l'opinion sur l'intelligence féminine dans les cercles militaires de ce pays est si basse que les femmes de l'armée en poste à la Cour sont très souvent bien mieux informées que l'état-major. Von Boden me dira tout ce que je veux savoir."

Quelle fille elle était !

" A propos de votre ami le pied bot, reprit-elle, je suis assez perplexe. Il doit s'agir d'un personnage d'une importance considérable pour être amené par train spécial directement dans les appartements privés de l'Empereur , où très peu de gens pénètrent, je vous l'assure. Mais je n'ai jamais entendu parler de lui. Ce n'est certainement pas un fonctionnaire de la Cour. Il n'est pas non plus le chef de la police politique... c'est Henninger, un ami de Karl. Pourtant, il y a des gens de grande importance qui travaillent dans l'obscurité. endroits dans ce pays et je suppose que Clubfoot doit en faire partie.

"Maintenant, je pense que je devrais t'emmener chez Gerry. Je veux te parler de lui, Des. Je n'ose pas lui dire qui tu es. Gerry n'est pas lui-même. Il est nerveux depuis son accident et je peux Je ne lui fais pas confiance. C'est un homme très conventionnel et ses principes ne voudraient jamais que je nourrisse un... un... »

"Espionner?" Je suggère.

"Non, un ami", corrigea-t-elle. " Il vous faudra donc simplement être infirmier, je suppose. Un germano-américain serait mieux, je pense, car vous devrez lire les journaux allemands à Gerry — il ne connaît pas un mot d'allemand. Alors, vous devez avoir un nom quelconque...."

"Frederick Meyer", suggérai-je aussitôt, "de Pittsburg. Il faudra que ce soit Pittsburg : Francis y est allé un peu, vous savez : il m'a beaucoup écrit sur l'endroit et j'en ai vu des photos aussi. C'est la seule ville américaine que je connaisse."

"Que ce soit Meyer de Pittsburg, alors", sourit Monica, "mais tu as un terrible accent anglais, Des. Je suppose que nous devrons dire à Gerry que tu as été infirmière à Londres pendant des années avant la guerre."

Elle hésita un instant, puis ajouta :

" Des , j'ai peur que tu trouves Gerry très éprouvant. Il est terriblement irritable et... et très méchant. Alors tu dois faire attention à ne pas te trahir. "

Je n'avais rencontré le frère qu'une seule fois et je me souviens de lui comme d'un jeune homme beau et plutôt gâté. Il avait été entièrement élevé aux États-Unis par l'oncle de Long Island dont il avait hérité de la grande fortune.

"Vous serez en sécurité ici pour le moment", a poursuivi Monica. "Vous dormirez dans la petite chambre à côté de celle de Gerry et j'y ferai également servir vos repas. Après avoir informé le Général de l'état des choses, nous déciderons de la suite des choses."

"Je serai très prudent avec Maître Gerry", dis-je. "Mais, Monica, même s'il ne m'a vu qu'une fois, il connaît assez bien Francis et nous sommes assez semblables. Tu penses qu'il me reconnaîtra ?"

"Eh bien, Desmond, cela fait des années qu'il ne t'a pas vu. Et tu n'es pas beaucoup comme Francis sans ta moustache. Si tu fais attention, tout ira bien ! Ce n'est pas pour longtemps non plus. Maintenant, nous" J'entrerai. Venez.

A notre entrée, une voix irritable cria :

"C'est toi, Monica ? Dis, dois-je rester seule toute la matinée ?"

"Gerry chéri," répondit très gentiment Monica, "J'ai engagé quelqu'un pour s'occuper un peu de toi. Viens ici, Meyer ! Voici Frederick Meyer, Gerry !"

Je n'aurais jamais reconnu le beau jeune homme plutôt indolent que j'avais rencontré à Londres dans l'homme pâle aux traits tirés par la douleur qui me regardait d'un air renfrogné depuis le lit.

"Qui est-il ? D'où l'avez-vous acheté ? Connaît-il l'allemand ?"

Il a posé une série de questions à Monica, qui y a répondu avec sa manière douce et patiente.

Il était apparemment satisfait, car, au moment où Monica se levait pour nous quitter, il me lança une brassée de journaux allemands et me demanda de lui faire la lecture.

Je ne m'étais pas assis avec lui depuis dix minutes avant de réaliser à quel point cet homme était une créature impossible. Rien de ce que je pouvais faire n'était bien. Tantôt il ne voulait pas entendre les nouvelles de la guerre, tantôt c'était le rapport du débat du Reichstag qui l'ennuyait, tantôt je ne lisais pas assez fort, puis ma voix se brisait sur lui. Finalement, il m'a arraché le papier des mains.

« Je ne comprends pas la moitié de ce que vous dites, » cria-t-il avec un accent aigu d'irritabilité ; "Vous parlez et marmonnez comme un Anglais. Vous dites que vous êtes Américain ?"

"Oui, monsieur," répondis-je docilement, "mais j'ai résidé de nombreuses années en Angleterre."

" Eh bien, c'est une bonne chose que vous n'en soyez pas là maintenant. Ces Anglais sont tout simplement fous. Ils ne fouetteront jamais l'Allemagne, pas s'ils essayent pendant un siècle. Eh bien, regardez ce que ce pays a fait dans cette guerre ? Rien ne peut le faire. " Tenez-vous debout contre elle ! C'est l'organisation, c'est ça ! Les Allemands dirigent le monde. Prenez leurs médecins ! J'ai consulté tous les spécialistes d'Amérique pour mon dos et je leur ai payé des milliers de dollars. Et à quoi m'ont-ils fait ? Pas un chose. Je viens en Allemagne, on me facture un quart des frais, et je me sens déjà un homme différent. Avant d'affronter les Allemands, les Anglais..."

Ainsi il courut. Je connaissais bien ce type, l'Américain qui est tellement hypnotisé par l'efficacité et la minutie allemandes qu'il ne voit pas le revers de la médaille.

Il s'est finalement épuisé sur le sujet et m'a demandé de lui relire.

"Renseignez-vous sur l'affaire qui s'est déroulée à l'hôtel Esplanade hier soir", ordonna-t-il.

J'avais gardé un œil ouvert sur ce sujet mais, comme Monica l'avait dit, les journaux n'en contenaient aucune allusion. Je me demandais comment Gerry le savait. Monica ne le lui aurait pas dit.

« De quelle affaire parlez-vous ? J'ai dit . "Il n'y a rien à ce sujet dans les journaux."

" Bien sûr que oui, imbécile. A quoi ça sert de t'embaucher pour me lire les journaux si tu ne trouves pas de nouvelles qui se répandent partout ? Ça ne sert à rien de me donner le journal... tu sais que je Je ne peux pas le lire ! Ici, Josef le saura !

Un domestique était entré sans bruit dans la pièce avec des vêtements.

Gerry se tourna vers lui.

"Josef, où as-tu vu cette histoire que tu me racontais à propos d'un espion anglais agressant un homme sur l'Esplanade la nuit dernière ?"

"Ce n'est pas dans le journal, monsieur. J'ai entendu dire cela par le chauffeur du Biedermann d'à côté. Il était lui-même à l'hôtel avec son shentleman Lars lors de la soirée dansante. Ils ne mettront pas ça dans aucun journal, Monsieur."

Et l'homme rit.

Je ne me sentais pas très à l'aise pendant tout cela et j'étais heureux qu'on me dise de continuer à lire et d'être damné.

Je fais la lecture au jeune Américain toute la matinée. Il se comportait exactement comme un enfant très mal élevé. Il était agité, querelleur et parfois abusif, et j'avais quelques difficultés à garder mon sang-froid. Il revenait continuellement sur mon accent anglais et se moquait de manière si offensante et si ostensible de ce qu'il appelait « vos amis anglais » que j'ai commencé à croire qu'il y avait un but derrière son attitude. Mais ce n'était là qu'une partie de l'irrégularité de son invalide, car lorsque le valet de chambre, Josef, apparut avec le plateau du déjeuner, l'Américain parut soucieux de se racheter de son comportement .

"J'ai bien peur d'essayer parfois un peu, Meyer", a-t-il déclaré avec un sourire agréable. "Mais tu es un brave garçon. Va déjeuner. Tu n'es pas obligé de revenir avant quatre heures : je dors toujours après le déjeuner. Tiens, prends un cigare !"

Je pris le cigare avec toute l'humilité qui convenait à mon rôle et suivis le valet de chambre dans une pièce voisine, où la table était mise pour moi. Je suis extrêmement sensible aux influences extérieures et je me méfiais instinctivement de l'homme Josef. Je suppose qu'il était mécontent de mon intrusion dans une sphère où son influence avait probablement été suprême et où il avait sans aucun doute réussi à obtenir une bonne récolte.

Il m'a laissé à mon déjeuner et est parti. Après un excellent déjeuner, arrosé d'un bordeaux de premier ordre, j'étais en train de déguster mon cigare autour d'un livre lorsque Josef réapparut.

"La Frau Gräfin vous verra en bas !" il a dit.

Monica m'a reçu dans une matinée (l'appartement était sur deux étages). Elle était très agitée et avait perdu tout son calme habituel.

"Des", dit-elle, "von Boden est venu ici !"

"Bien!" J'ai répondu avec empressement.

" Je n'ai pas eu beaucoup de succès, poursuivit-elle. Je suis dans les eaux profondes, Des, et c'est la vérité. Je n'ai jamais vu le vieux général tel qu'il était aujourd'hui. C'est un tyran et un tyran effroyable, mais même son pire ennemi ne l'a jamais accusé de lâcheté. Mais, Des, aujourd'hui, l'homme était intimidé. Il semblait craindre pour sa vie et j'ai eu la plus grande difficulté à lui faire dire quoi que ce soit sur votre affaire.

" J'ai fait une allusion en plaisantant à l'escapade à l'hôtel d'hier soir et il a dit :

"'Hier pourrait être la ruine non seulement de ma carrière mais aussi de celle de mon fils. Hier m'a gagné en tant qu'ennemi, Madame, un homme que cela signifie la ruine, peut-être la mort, d'offenser.'

"'Tu veux dire l' Empereur ?' J'ai demandé.

"'L' empereur !' dit-il. "Oh ! bien sûr, il est furieux. Non, je ne parlais pas de l' Empereur !"

"Puis il a changé de sujet et il m'a fallu tout mon tact pour y revenir. Je lui ai demandé s'ils avaient attrapé l'auteur de l'attentat de l'Esplanade. Il a répondu non, mais ce n'était qu'une question de temps : le Ce type ne pouvait pas s'échapper. J'ai dit que je supposais qu'ils offriraient une récompense et publieraient une description de l'agresseur dans tout le pays. Il m'a dit qu'ils ne feraient rien de tel.

« Le public n'apprendra rien de cette affaire, dit-il, et si vous suivez mon conseil, comtesse, vous oublierez tout cela. En tout cas, la princesse Radolin écrit à tous ses invités au bal dernier. nuit pour les exhorter avec force à ne rien dire sur l'incident. Les employés de l'hôtel se tairont. Les intérêts en jeu interdisent toute tentative publique de faire la lumière sur cette affaire.

"C'est tout ce que j'ai pu tirer de lui. Mais j'ai autre chose à vous dire. Le général est parti immédiatement après le déjeuner. Presque aussitôt qu'il fut parti, j'ai été appelé au téléphone. Le Dr Henninger était là : il est le chef de la police politique, vous savez. Il m'a donné le même conseil que le général, à savoir d'oublier tout ce qui s'est passé sur l'Esplanade la nuit dernière. Et puis la princesse Radolin m'a appelé pour me dire la même chose. très effrayée : elle était en larmes. De toute évidence, quelqu'un lui avait fait très peur.

"Monica," dis-je, "il est tout à fait clair que je ne peux pas rester ici. Ma chère fille, si je suis découvert dans ta maison, on ne sait pas quels ennuis pourraient t'arriver."

"S'il y a un risque", répondit-elle, "c'est un risque que je suis prête à prendre. Vous n'avez nulle part où aller à Berlin, et si vous êtes surpris dehors , ils découvriront peut-être où vous vous cachiez et nous devrions alors être là." aussi mal qu'avant. Non, reste ici, et peut-être que dans un jour ou deux je pourrai t'éloigner. J'ai réfléchi à quelque chose.

" Karl a une maison près de la frontière néerlandaise, le Schloss Bellevue, comme on l'appelle, près de Clèves. C'est une vieille maison et elle appartient à la famille depuis des générations. Karl, cependant, ne l'utilise que comme une boîte de tir : nous avions de gros on y tire chaque automne avant la guerre.

"Il n'y a pas eu de tir là-bas depuis deux ans maintenant et l'endroit est surchargé de gibier. Le gouvernement a lancé un appel aux personnes possédant des réserves de tir à tuer leur gibier et à le mettre sur le marché. J'avais donc prévu d'aller à Bellevue ce mois-ci. mois et voir l'agent à ce sujet. J'ai pensé que si je pouvais convaincre Gerry de venir avec moi, vous pourriez l'accompagner et vous pourriez traverser la frontière néerlandaise à partir de là. Ce n'est qu'à environ quinze miles du château. Si je peux obtenir un mouvement sur Gerry, il n'y a aucune raison pour que nous ne partions pas dans un jour ou deux. En attendant, vous serez en sécurité ici.

Je lui ai dit qu'il fallait y réfléchir : elle semblait prendre trop de risques. Mais je pense que ma décision était déjà prise. Je ne pouvais pas détruire cet ami fidèle.

Puis je suis remonté chez Gerry, qui était d'une humeur aussi ignoble qu'auparavant. Son déjeuner ne lui avait pas plu : il n'avait pas dormi : la pièce n'était pas assez chaude... voilà quelques-uns des reproches qu'il m'a adressés dès mon arrivée. Il était de son humeur la plus espiègle et la plus malveillante. Il m'envoyait courir çà et là : il me donnait un ordre et le retirait d'un même souffle : ma complaisance semblait l'irriter, l'inciter à me provoquer.

revint enfin à son vieux sujet douloureux, mon accent anglais.

"Je suppose que notre bon Américain est trop simple pour un bon gentleman anglais comme vous", dit-il, "mais je crois que vous parlerez aussi fidèlement que vous l'avez appris avant d'en finir avec cette ville. Un accent anglais n'est pas sain. à Berlin actuellement, Monsieur Meyer, monsieur, et vous feriez mieux d'apprendre à parler comme nous tous si vous voulez continuer à rester dans cette maison.

"Je ne suis pas en état d'être inquiet pour le moment et je n'ai aucune idée d'avoir la police ici parce que certains de leurs hommes en civil ont entendu mon préposé dire " charnce " et " darnce " comme n'importe quel Britannique... surtout avec cet espion anglais qui court partout. Au fait, il faudra que tu sois enregistré ? Ma sœur est-elle déjà au courant ?

J'ai dit qu'elle s'en occupait.

"Je veux savoir si elle l'a fait. Je suis un infirme impuissant et je ne peux rien faire pour moi. Lui as-tu donné tes papiers ? Oui ou non ?"

C'était une mauvaise solution. Avec toute l'insistance du malade, l'homme revenait sur sa dernière lubie.

Alors j'ai menti. La comtesse avait mes papiers, dis-je.

Instantanément, il sonna et demanda Monica et s'était mis en bonne forme au moment où elle apparut.

"Qu'est-ce que j'entends, Monica ?" s'écria-t-il de sa voix aiguë et querelleuse. "Meyer n'est-il pas encore enregistré auprès de la police ?"

"Je vais m'en occuper moi-même demain matin, Gerry", dit-elle.

"Le matin. Le matin !" cria-t-il en levant les mains. "Bon Dieu, comment peux-tu être si inconstant ? Une loi est une loi. Les papiers de cet homme doivent être envoyés aujourd'hui... à l'instant même."

Monica m'a regardé avec appel.

"J'ai bien peur d'être à blâmer, monsieur", dis-je. "Le fait est que mon passeport n'est pas tout à fait en règle et je devrai le présenter à l'ambassade avant de l'envoyer à la police."

Puis j'ai vu Josef debout près du lit, un plateau à la main.

" Zom lettres, monsieur," dit-il à Gerry. Je me demandais depuis combien de temps il était dans la pièce.

Gerry écarta les lettres et éclata dans une crise de cris régulier. Il ne voudrait pas que les choses soient faites de cette façon dans la maison ; il n'accepterait pas de faire venir des étrangers inconnus, dans une ville remplie d'espions — surtout de gens avec un accent anglais — ses nerfs ne le supporteraient pas : Monica devrait en savoir plus, et ainsi de suite. En résumé, on m'a ordonné de présenter immédiatement mon passeport. Monica devait appeler l'ambassade pour leur demander de s'occuper de cela en dehors des heures de bureau, puis Josef devrait m'emmener à la police.

Je ne sais pas comment nous sommes sortis de cette pièce. C'est Monica, avec son doux tact féminin, qui y est parvenue. Je crois que le fou a même exigé de voir mon passeport, mais Monica m'a également fait passer ce piège.

J'avais laissé mon chapeau et mon manteau dans le hall d'entrée en bas. J'ai enfilé mon manteau, puis je suis allé voir Monica dans la salle du matin.

Elle avait beaucoup à dire — je pouvais le voir dans ses yeux — mais je pense qu'elle a compris sur mon visage ce que j'allais faire, alors elle n'a rien dit.

A la porte, je dis à haute voix, à l'intention de Josef, qui était dans l'escalier :

"Très bien, ma dame. Je reviendrai directement de l'ambassade et j'irai ensuite avec Josef à la police."

L'instant d'après, j'étais à la dérive à Berlin.

CHAPITRE XIII

JE TROUVE ACHILLE DANS SA TENTE

Dehors, l'obscurité était tombée. J'avais un vague soupçon que la maison pouvait être surveillée, mais je trouvai la Bendler -Straße absolument tranquille. Il parcourait sa longueur tranquille et aristocratique jusqu'à l'enchevêtrement de branches nues marquant la Tiergarten -Strasse sans même un chien pour semer la terreur dans le cœur de l'espion amateur. Même dans la Tiergarten -Strasse, où vivent les millionnaires juifs, il y avait peu de circulation et peu de monde, et je me sentais singulièrement peu romantique alors que je marchais d'un pas vif sur les trottoirs propres en direction d' Unter den Linden.

Une fois de plus, le but initial de mon voyage en Allemagne se trouvait clairement devant moi. Une extraordinaire série d'aventures m'avait détourné de ma route, mais jamais de mon but. J'ai réalisé que je ne me sentirais plus jamais heureux si je quittais l'Allemagne sans être assuré du sort de mon frère. Et maintenant j'étais au seuil soit d'une grande découverte, soit d'une immense déception.

Car la rue appelée In den Zelten était mon prochain objectif. Je savais que je pouvais être sur la mauvaise voie dans mon interprétation de ce que j'étais heureux d'appeler dans mon esprit le message de François. Si je l'avais mal lu, si, peut-être, ce n'était pas de lui du tout, alors tous les espoirs que j'avais fondés sur cette course folle vers le pays ennemi s'effondreraient comme un château de cartes. Alors, effectivement, je serais dans une mauvaise passe.

Mais ma chance était là, je le sentais. Jusqu'alors, j'avais triomphé de toutes les difficultés. J'aurais confiance en mon destin jusqu'au bout.

J'avais pris la précaution de relever le col de mon pardessus et de baisser mon chapeau jusqu'aux yeux, mais personne ne me dérangeait. Je pensais que seuls Clubfoot et Schmalz étaient en mesure de me reconnaître et que, si j'évitais les endroits comme les hôtels, les restaurants et les gares, où les criminels semblent toujours être arrêtés, je pourrais continuer à bénéficier d'une relative immunité. Mais le problème était la question du passeport. Cela m'a rappelé.

Je dois me débarrasser du passeport de Semlin . Au fur et à mesure que je marchais, je l'ai déchiré en petits morceaux, laissant tomber chaque fragment à bon intervalle l'un de l'autre. Cela m'a coûté quelque chose, car un passeport est toujours utile pour briller aux yeux des ignorants. Mais ce passeport était dangereux. Cela pourrait me dénoncer à un homme qui autrement ne me reconnaîtrait pas.

J'ai eu quelques difficultés à trouver In den Zelten . J'ai dû demander mon chemin, une fois à un facteur et une fois à un soldat blessé qui boitait avec des béquilles. Finalement, je l'ai trouvé, une rue étroite qui partait d'un coin de la grande place devant le Reichstag. Le n°2 était la deuxième maison à droite.

Je n'avais aucun plan. Néanmoins, j'ai marché hardiment à l'étage. Il n'y avait qu'un seul appartement à chaque étage. Au troisième étage, je m'arrêtai, un peu essoufflé, devant une porte sur laquelle était inscrite une petite plaque de cuivre au nom d'Eugen Koré. J'ai sonné hardiment.

Un domestique âgé ouvrit la porte.

« Est-ce que Herr Eugen Kore est à la maison ? J'ai demandé.

L'homme m'a regardé avec méfiance.

"Est-ce que monsieur a rendez-vous ?" il a dit.

"Non," répondis-je.

"Alors le Herr ne recevra pas ce monsieur", fut la réponse, et l'homme fit mine de fermer la porte.

J'ai eu une inspiration.

"Un instant!" J'ai pleuré et j'ai ajouté le mot « Achille » à voix basse.

Le domestique m'a ouvert la porte en grand.

"Pourquoi ne l'as-tu pas dit tout de suite ?" il a dit. "S'il vous plaît, entrez. Je vais voir si le Herr peut vous recevoir."

Il m'a conduit à travers un couloir jusqu'à un salon et m'a laissé là. L'endroit était un parfait musée de trésors d'art, de vieux maîtres hollandais et italiens sur les murs, de splendides coffres florentins, une belle vieille commode chargée d'étain ancien. Sur une étagère de cheminée se trouvait une extraordinaire collection de clés anciennes, chacune avec son étiquette. "Clé de la forteresse de Spandau, 1715." « Clé de la poterne du palais du pacha à Belgrade, 1810 », « Clé de la maison de Nuremberg, 1567 », telles sont quelques-unes des descriptions que j'ai lues.

Puis une voix derrière moi dit :

"Ah ! tu admires mes petits trésors !"

En me retournant, j'ai vu un homme petit et gros, d'apparence juive marquée, avec une tête chauve, un gros nez, de petits yeux perçants et une taille large.

"Eugen Koré !" il s'est présenté avec un salut.

« Meyer ! » J'ai répondu à la manière allemande.

"Et que pouvons-nous faire pour Herr... Meyer ?" » a-t-il demandé d'un ton huileux, s'arrêtant juste assez longtemps avant de prononcer le nom que j'avais donné pour me laisser voir qu'il croyait qu'il s'agissait d'un pseudonyme.

"Je crois que vous connaissez un de mes amis, dont j'ai hâte de trouver l'adresse", dis-je.

"Ah!" soupira le petit juif, un homme d'affaires comme moi rencontre tant de monde qu'on peut lui pardonner... Comment dis-tu qu'il s'appelle, ton ami ?

J'ai pensé essayer l'effet du nom " Eichenholz " sur cette créature énigmatique.

" Eichenholz ? Eichenholz ? " répéta Koré.

"Il me semble que je connais le nom... il me semble familier... maintenant, laisse-moi le revoir.... Eichenholz , Eichenholz ...."

Pendant qu'il parlait, il déverrouilla l'une des armoires en chêne et un coffre-fort apparut. En ouvrant celui-ci, il sortit un registre et parcourut les noms avec son doigt. Puis il ferma le livre, le replaça, verrouilla le coffre-fort et l'armoire, et se tourna de nouveau vers moi.

"Oui," dit-il, "je connais le nom."

Sa réticence était déconcertante.

"Pouvez-vous me dire où je peux le trouver ?" J'ai demandé.

"Oui", fut la réponse.

J'étais un peu énervé.

"Eh bien, où ?" J'ai demandé.

"Tout cela est très bien, jeune monsieur", dit le juif. "Vous venez ici de nulle part, vous vous présentez comme Meyer ; vous me demandez 'Qui ?' et quoi?' et "Où ?" - des questions qui, sachez-le, dans mon métier, peuvent avoir des réponses précieuses. Nous, les agents d'enquête privés, devons vivre, mon cher monsieur, nous devons manger et boire comme les autres hommes, et ce sont des temps difficiles, des temps très durs. . Je vais vous poser une question si vous me le permettez. Meyer ? Qui est Meyer ? Tout le monde dans ce pays s'appelle Meyer !"

J'ai souri à ce discours bizarre.

"Cet Eichenholz , maintenant," dis-je, "... en supposant qu'il soit mon frère."

"Il pourrait se féliciter", a déclaré Kore en clignant de ses petits yeux de lézard.

"Et il m'a envoyé un message pour vous appeler et vous voir pour savoir où il se trouve. Vous semblez aimer les énigmes, Herr Kore... Je vais vous en lire une !"

Et je lui ai lu le message de Francis... tout sauf les deux premières lignes.

Le petit juif rayonnait de joie.

"Ach ! c'est brillant !" s'écria-t-il, "oh, oh, oh, mais il est intelligent, ce Herr Eichenholz ! Qui aurait pensé à ça ? Génial, génial !"

"Comme vous le dites, Herr Kore, les enquêteurs doivent vivre, et je suis tout à fait prêt à payer pour les informations dont j'ai besoin..."

J'ai sorti mon portfolio pendant que je parlais.

"La question est assez simple", répondit Kore. "C'est déjà arrangé. L'accusation est de cinq cents marks. Mon client m'a dit la dernière fois que je l'ai vu : 'Kore', a-t-il dit, 'si quelqu'un vient demander de mes nouvelles, tu lui donneras la parole et il le fera. je vous paierai cinq cents marks.

"Le mot?" J'ai dit .

"Le mot", répéta-t-il.

"Vous devez prendre de l'argent hollandais", dis-je. "Voilà... arrangez-vous en gulden... et je paierai !"

Il a manipulé un bout de crayon sur un bloc d'écriture et je lui ai payé son argent.

Il a ensuite dit:

« Boonekamp ! »

« Boonekamp ? » répétai-je bêtement.

"C'est le mot", rigola le petit juif en riant de mon expression abasourdie, "et, si tu veux savoir, je le comprends aussi peu que toi."

"Mais... Boonekamp ", répétai-je. "C'est un nom d'homme, un lieu ? Ça sonne hollandais. Vous n'en avez aucune idée ?... venez, je suis prêt à payer."

"Peut-être..." commença le juif.

"Quoi ? Peut-être quoi ?" M'écriai-je avec impatience.

"Peut-être...."

« Arrêtez-vous, mec ! J'ai pleuré, "et dis ce que tu veux dire."

"Peut-être que si je pouvais rendre à ce monsieur le service que j'ai rendu à son frère, je pourrais peut-être jeter de la lumière..."

"Quel service as-tu rendu à mon frère ?" » ai-je demandé précipitamment. "Je suis dans le noir."

"Ce monsieur n'a-t-il pas eu de petites difficultés peut-être ?... à propos de son service militaire, à propos de ses papiers ? Ce monsieur est jeune et fort... est-il allé au front ? La vie était-elle ennuyeuse là-bas ? A-t-il jamais désiré les douceurs de " La vie de famille ? N'a-t-il jamais envié ceux qui ont été médicalement rejetés ? Les fils d'hommes riches, peut-être, avec des pères intelligents qui savent comment obtenir ce qu'ils veulent ? "

Ses petits yeux perçaient les miens comme des vrilles.

J'ai commencé à comprendre.

"Et si je l'avais fait ?"

"Alors tout ce que le vieux Kore peut dire, c'est que ce monsieur est venu au bon magasin, comme l'a fait son aimable frère. Comment pouvons-nous servir ce monsieur maintenant ? Quelles sont ses exigences ? C'est une affaire difficile et dangereuse. Elle coûte de l'argent, beaucoup d'argent, mais cela peut être arrangé… cela peut être arrangé.

"Mais si tu fais pour moi ce que tu as fait pour mon frère," dis-je, "je ne vois pas en quoi cela aide à expliquer ce mot, cet indice sur son adresse !"

"Mon cher Monsieur, je suis autant que vous dans l'ignorance sur la signification de ce mot. Mais je peux vous dire ceci, votre frère, grâce à mon intervention, s'est trouvé placé dans une situation où il aurait bien pu je tombe sur ce mot...."

"Bien?" Dis-je avec impatience.

"Eh bien, si on obligeait monsieur comme on obligeait son frère, le monsieur pourrait être emmené là où son frère a été emmené, le monsieur est jeune et intelligent, il pourrait peut-être trouver un indice..."

"Arrêtez de raconter des énigmes, pour l'amour du ciel !" J'ai pleuré d'exaspération, "et réponds clairement à mes questions. D'abord, qu'as-tu fait pour mon frère ?"

"Votre frère avait déserté du front - c'est le genre d'affaires le plus difficile que nous ayons à traiter - nous lui avons procuré un *permis de séjour* de quinze jours et un poste dans un endroit sûr où aucune enquête ne serait faite après lui."

"Et puis?" J'ai pleuré, tremblant de curiosité.

Le Juif haussa les épaules, agitant ses mains en l'air .

"Puis il a disparu. Je l'ai vu quelques jours avant son départ, et il m'a donné les instructions que je vous ai répétées pour quiconque viendrait le chercher."

"Mais ne t'a-t-il pas dit où il allait ?"

"Il ne m'a même pas dit qu'il y allait, Herr. Il a juste disparu."

"Quand était-ce?"

"A peu près la première semaine de juillet... c'était la semaine des mauvaises nouvelles en provenance de France."

Le message était daté du 1er juillet, je m'en souviens.

"J'ai une bonne série de journaux suédois", poursuivit le juif, "un marchand de bois très respectable... avec ceux où l'on pourrait vivre dans les meilleurs hôtels et personne ne dit un mot. Ou des journaux hongrois, qu'un parti a rejetés médicalement... c'est très sûr, mais peut-être que ce monsieur ne parle pas hongrois. Ce serait essentiel.

« Je suis dans le même cas que mon frère, dis-je, je dois disparaître.

"Pas un déserteur, Herr ?" Le Juif grimaça à ce mot.

"Oui," dis-je. « Après tout, pourquoi pas ?

"Je n'ose plus faire ce genre de métier, mon cher monsieur, je n'ose vraiment plus ! Ils rendent cela trop dangereux."

"Viens viens!" J'ai dit : « Vous vous vantiez tout à l'heure de pouvoir aplanir toutes les difficultés. Vous pouvez me produire un passeport très satisfaisant de quelque part, j'en suis sûr !

"Passeport ! Hors de question, mon cher monsieur ! Qu'un jour un de mes passeports se trompe et je suis ruiné. Oh non ! pas de passeport quand il s'agit de déserteurs ! Je n'aime pas ce métier... ce n'est pas sûr ! Au début de la guerre... ah ! c'était différent ! Oh, oh, mais ils ont fui de l' Yser et d'Ypres ! Oh, oh, et de Verdun ! Mais maintenant la police est plus vigilante. Non ! Ce n'est pas le cas ça vaut le coup ! Cela vous coûterait trop d'argent, d'ailleurs.

Je pensais que ce misérable chien essayait de me faire payer plus cher, mais je me trompais. Il avait peur : cette affaire lui répugnait vraiment.

J'ai essayé, comme dernière tentative pour le persuader, un vieux truc : je lui ai montré mon argent. Il hésita aussitôt, et après bien des objections, protestant jusqu'au bout, il quitta la pièce. Il revint avec une poignée de papiers crasseux.

"Je ne devrais pas le faire; je sais que je le regretterai; mais vous m'avez trop persuadé et j'ai aimé Herr Eichenholz , un noble gentleman et libre de son argent - voyez ici, les papiers d'un serveur, Julius Zimmermann, appelé avec la Landwehr mais libéré pour cause d'inaptitude médicale, livret de solde militaire et *permis de séjour* de quinze jours. Ces papiers ne sont qu'une garantie au cas où vous rencontreriez la police : aucune question ne sera posée sur l'endroit où je vous enverrai.

— Mais un permis de quinze jours ! J'ai dit . « Que dois-je faire à la fin de ce temps ? »

"Laissez-moi faire", dit astucieusement Kore. "Je vais le faire renouveler pour vous. Tout ira bien !"

"Mais en attendant ...", objectai-je.

"Je te place comme serveur chez un de mes amis qui est gentil avec les pauvres gens comme toi. Ton frère était avec lui."

"Mais je veux être libre de me déplacer."

"Impossible", répondit fermement le juif. "Vous devez prendre votre part et vivre tranquillement dans l'isolement jusqu'à ce que les enquêtes après vous aient cessé. Nous pourrons alors voir ce qui va ensuite être fait. Vous voilà, un beau jeu de papiers et une vie sûre et confortable au loin. des tranchées - tout confortable et sûr - bon marché (malgré le danger pour moi), parce que tu es un garçon plein d'esprit et que j'aimais ton frère... dix mille marks !

J'ai respiré à nouveau. Une fois que nous eûmes atteint le stade du marchandage, je savais que les papiers m'appartiendraient sans problème. Avec l'argent de Semlin et le mien, j'ai découvert que j'avais environ 550 £, mais je n'avais pas l'intention de débourser 500 £ tout de suite. J'ai donc tabassé ce type sans pitié et j'ai finalement obtenu le lot pour 3 600 marks, soit 180 £.

Mais même après avoir payé son argent à cet homme, je n'en avais pas fini avec lui. Il avait les yeux rivés sur ses gains.

« Vos vêtements ne feront jamais l'affaire », dit-il ; "Une telle richesse de vêtements, de si belles étoffes... il faut vous en donner d'autres." Il a sonné.

Le vieux domestique apparut.

"Un costume de serveur... pour la Linien -Strasse !" il a dit.

Puis il m'a conduit dans une chambre où un costume usé de mauvaise qualité allemande était étalé sur un canapé. Il m'a fait l'enfiler, puis m'a tendu un pardessus vert usé et un chapeau de feutre vert gras.

"Donc!" il a dit. "Maintenant, si vous ne vous rasez pas pendant un jour ou deux, vous aurez l'air d'une vie!", une remarque qui, bien qu'encourageante, n'était guère élogieuse.

Il m'a donné un cache-nez à attacher autour de mon cou et du bas de mon visage et, avec ce chapeau graisseux rabattu sur mes yeux et ces vêtements usés et rétrécis, je dois dire que j'avais l'air d'une personne assez méchante, l'antithèse même du un jeune homme élégant et bien habillé qui était entré dans l'appartement une demi-heure auparavant.

"Maintenant, Julius", dit Kore avec humour, "viens, mon garçon, et nous chercherons ensemble la bonne situation que je t'ai trouvée."

Un fiacre était à la porte et nous y entrâmes ensemble. Le Juif bavardait agréablement tandis que nous nous démenions dans l'obscurité. Il m'a complimenté sur ma promptitude à déchiffrer le message de Francis.

"Comment trouves-tu mon idée ?" il dit : « « Achille dans sa tente »... tel est le dispositif de la partie cachée de mes affaires — vous observez le parallèle, n'est-ce pas ? Achille se tient à l'écart de l'armée et des jeunes hommes comme vous qui préfèrent les douces poursuites de la paix au dur métier de la guerre ! Mes clients qui ont bénéficié d'une éducation classique ont beaucoup apprécié l' humour de mon appareil.

Le fiacre nous déposa au coin de la Friedrich-Strasse, qui brillait de lumière d'un bout à l'autre, et de la Linien -Strasse, une rue étroite et sordide, pleine de maisons sales et de boutiques mesquines. La rue était presque déserte à cette heure-là, à l'exception d'un policier occasionnel, mais des caves avec des marches descendant des rues montaient le tintement des pianos automatiques et des éclats de gaieté pour montrer que la Linien -Strasse ne dormait pas du tout.

Devant l'une de ces entrées de cave , le juif s'arrêta. Au pied de l'escalier raide qui descendait de la rue se trouvait une porte vitrée, dont les panneaux brillaient d'humidité en raison de l'atmosphère chauffée à l'intérieur. Kore a ouvert la voie, je le suis.

Une vague nauséabonde d'air chaud, mêlée à une épaisse fumée de tabac, nous frappa de plein fouet lorsque nous ouvrîmes la porte. Au début, je ne voyais rien d'autre qu'un homme très gros, sur fond d'épais rideau de fumée, assis à une table devant un énorme verre de bière. Puis, tandis que la brume s'éloignait devant le courant d'air, je distinguai les contours d'une longue salle au plafond bas, avec de petites tables disposées de chaque côté et un petit bar, présidé par une femme vulgaire aux cheveux chimiquement teintés, au fond. La plupart des tables étaient occupées et il y avait presque autant de bruit que de fumée dans les lieux.

Une voix de femme a crié : « Ferme la porte, tu ne peux pas, je suis gelée ! » J'ai obéi et, suivant Kore jusqu'à une table, je me suis assis. Un homme en manches de chemise, qui tirait de la bière au bar, a laissé sa machine à bière et, traversant la pièce vers Kore, l'a salué cordialement et lui a demandé ce que nous allions prendre.

Kore m'a donné un coup de coude.

"Nous prendrons chacun un Boonekamp , Haase ", a-t-il déclaré.

CHAPITRE XIV

LE PIED CLUB ARRIVE CHEZ HAASE

Kore se retira aussitôt dans une pièce intérieure avec l'homme en manches de chemise, que je considérais comme le propriétaire, et aussitôt la dame aux cheveux blonds du bar me fit signe de venir et m'invita à les rejoindre.

"C'est Julius Zimmermann, le jeune homme dont j'ai parlé", dit le juif ; puis se tournant vers moi :

" Herr Haase est prêt à vous embaucher comme serveur ici sur ma recommandation, Julius. Veillez à ce que vous ne m'obligiez pas à me repentir de ma gentillesse ! "

Ici, l'homme en manches de chemise, un grand et gros gaillard avec une tête en forme de balle et un énorme double menton, rit bruyamment.

« Kolossal ! » il pleure. "Herr Kore adore sa blague ! Ausgezeichnet !" Et il secoua la tête d'un air malicieux.

Sur ce, Koré prit congé, promettant de venir voir comment j'allais dans quelques jours. Le propriétaire ouvrit une porte basse dans un coin et révéla une sorte de grand placard, sans fenêtre, horriblement vicié et étouffant, où se trouvaient deux lits d'aspect peu recommandable .

"Vous dormirez ici avec Otto", dit le propriétaire. En me désignant un tablier blanc sale posé sur l'un des lits, il m'a demandé d'enlever mon pardessus et ma veste et de les enfiler.

"C'était Johann", dit-il, "mais Johann n'en voudra plus. Un bon garçon, Johann, mais téméraire. J'ai toujours dit qu'il finirait mal." Et il rit bruyamment.

"Vous pouvez aller aider à attendre maintenant", a-t-il poursuivi. "Otto va te montrer quoi faire !"

Ainsi , en vingt-quatre heures, je me suis retrouvé tour à tour espion, infirmier et serveur.

Je répugne à m'attarder sur la dégradation des jours qui ont suivi. Cette taverne-cave était un gouffre immonde d'iniquité, et en servant la lie de l'humanité qui s'y rassemblait chaque nuit, j'avais le sentiment d'avoir effectivement sombré dans les plus basses profondeurs. L'endroit était une véritable cuisine de voleurs... ce qu'on appelle dans le hideux jargon yiddish qui est l'argot criminel de l'Allemagne moderne, un « Kaschemme ». Jamais de ma vie je n'ai vu des visages aussi brutaux que ceux qui me regardaient tous les soirs à travers la brume de fumée alors que je me traînais de table en table dans mes méchants vêtements allemands. Des oiseaux de potence, des voleurs sournois, des receleurs, des tyrans, des prostituées et des harpies de toutes sortes se réunissaient chaque soir dans la cave à bière de Herr Haase . Beaucoup d'hommes portaient le gris des champs souillé et décoloré du soldat revenu du front, et en regardant leurs visages sordides et vulpins, enflammés par l'alcool, j'avais l'impression de pénétrer jusqu'à l'âme de la misère belge.

La conversation était entièrement consacrée aux crimes et aux actes de violence. Les hommes de retour du front racontaient avec jubilation les rapines et les festins dans les villages belges solitaires ou s'attardaient macabrement sur les horreurs du champ de bataille, les amas de cadavres en décomposition, les horribles mutilations qu'ils avaient vues chez les morts. Il y avait aussi des histoires de « vengeance » exercée sur « les traîtres Anglais ». Une histoire, en particulier, sur le sort d'un sergent écossais... "der Hochländer ", comme on l'appelait dans cette histoire si souvent racontée... me fait encore frémir d'une rage impuissante quand j'y pense.

Un soir, le nom de l'hôtel Esplanade m'a frappé à l'oreille. Je me suis approché de la table et j'ai trouvé deux tyrans habillés de manière flashy et un terne dépenaillé venu de la rue qui parlaient avec admiration de mon exploit.

"Clubfoot a trouvé son adversaire cette fois-là", s'écria la femme. "Le sale chien ! Mais pourquoi cet espion anglais n'a-t-il pas fait son travail et n'a-t-il pas tué ces ordures ? Pah !"

Et elle cracha élégamment dans la sciure du sol.

"Je ne serais pas à la place de ce type pour quelque chose", marmonna l'un des hommes. "Personne n'a encore eu raison de Clubfoot. Vous souvenez-vous de Meinhardt, Franz ? Il a essayé de tromper Clubfoot, et nous savons ce qui lui est arrivé !"

"Ils ratissent toute la ville pour cet Anglais", répondit l'autre homme. " Vogel, qui travaille pour la Section Sept, vous savez, c'est l'homme que je veux dire, me le disait. Ils ont fouillé tous les hôtels de Berlin et de sa banlieue, mais ils ne l'ont pas trouvé. Hier soir, ils ont fait une descente chez Bauer dans la Favoriten -Strasse. " L'Anglais n'était pas là, mais ils en cherchaient trois ou quatre autres, Fritz et un autre déserteur inclus. J'y étais moi-même presque ! "

J'entendais toujours des références de ce genre à mon exploit. On ne parlait jamais de moi qu'en termes d'admiration, mais le nom de Botfoot, der Stelze , n'excitait que l'exécration et la terreur.

Je vivais quotidiennement dans la peur d'un raid chez Haase . Pourquoi cet endroit avait-il échappé si longtemps, avec toute cette racaille rassemblée là-bas chaque nuit, je ne pouvais pas l'imaginer. C'était un de ces défauts de l'organisation allemande qui laisse parfois perplexe les meilleurs d'entre nous. Pendant ce temps, j'étais impuissant à m'échapper. La première chose qu'avait faite Haase avait été de m'enlever mes papiers – de les envoyer à la police, comme il l'expliqua – mais il ne les rendit jamais, et lorsque je les lui demandai, il me rebuta en me donnant une excuse.

J'étais virtuellement prisonnier sur place. Debout du matin au soir, j'avais en effet peu d'occasions de sortir ; mais une fois, pendant une heure creuse de l'après-midi, alors que j'abordais le sujet avec le propriétaire, il refusa durement de me quitter des yeux.

"La rue n'est pas saine pour vous en ce moment. Vous seriez un danger pour vous et pour nous tous !" il a dit.

Ma vie dans cet horrible repaire était un fardeau pour moi. Les conditions de vie étaient indescriptibles. Otto, un phtisique pâle et de mauvaise humeur, obligé, comme moi, de se lever dans l'obscurité de l'aube, ne se lavait jamais, et sa compagnie dans le trou étouffant où nous dormions était offensante au-delà de toute croyance. Il se moquait ouvertement de mes sorties matinales dans une cour étroite et puante, où j'exultais dans l'eau glacée de la pompe. Et la nourriture ! Ce n'est qu'en voyant les victuailles médiocres – la chair de cheval grossière et souvent avariée, le pain de guerre peu appétissant, le succédané du café et tout le reste – que j'ai réalisé à quel point l'Allemagne souffrait, mais seulement à cause de ses pauvres, des Britanniques. blocus. Cette pensée m'aidait à surmonter la nausée avec laquelle je m'asseyais pour manger.

La vie domestique chez Haase était un enfer sur terre. Haase lui-même était un tyran ivre, qui faisait des avances à toutes les femmes qu'il rencontrait et dont les intrigues compliquées avec la partie féminine de sa clientèle conduisaient à de fréquentes scènes avec la blonde Hebe qui présidait au bar et à sa maison. C'était elle et Otto qui se déplaçaient quotidiennement pour prendre place dans les longues files d'attente qui attendaient pendant des heures avec des cartes de nourriture devant les magasins de ravitaillement.

Ces voyages semblaient avoir une influence sur son caractère, qui se manifestait avec colère à l'heure des repas, lorsque Haase commençait à se plaindre inévitablement à propos de la nourriture. Comme Otto prenait un malin plaisir à ces scènes familiales, j'étais fréquemment appelé à assumer le rôle d'artisan de la paix. Plus d'une fois je suis intervenu pour sauver Madame de la violence qu'elle s'était infligée par le tranchant de sa langue. C'était une pauvre créature fanée, et le plus tragique de tout cela était qu'elle était amoureuse de ce tyran dégradé. Elle m'était reconnaissante de mes bons offices, je pense, car, même si elle ne m'adressait presque jamais la parole, ses manières étaient toujours amicales.

Ces jours de morne misère auraient été insupportables sans mon explication du mot Boonekamp , qui était censé contenir la clé de l'adresse de mon frère. Sur le mur du réduit où je dormais, il y avait une carte publicitaire en lambeaux de cet *apéritif* — car telle est la préparation — le proclamant « le meilleur cordial d'Allemagne ». Lorsque je me déshabillais la nuit, je regardais souvent cette pancarte, me demandant quel lien Boonekamp pouvait bien avoir avec mon frère. Je décidai de profiter de la première occasion pour examiner la carte elle-même. Un matin, alors qu'Otto faisait la queue chez le boucher, je me suis éclipsé de la cave pour rejoindre notre lieu de couchage et, allumant ma bougie, j'ai décroché la carte et l'ai examinée attentivement. C'était parfaitement uni, des lettres rouges sur fond vert devant, blanches à l'arrière.

Alors que je replaçais la carte sur le clou , j'ai vu des écrits au crayon sur le mur où la carte était accrochée. Mon cœur semblait s'être arrêté de joie de ma découverte. Car l'écriture était de la main soignée et artistique de mon frère, les mots étaient anglais et, mieux encore, les initiales de mon frère étaient jointes. Voilà ce que j'ai lu :

(Télécopieur.) 5.7.16.

"Vous me trouverez au Café Regina, Düsseldorf—FO"

Après cela, j'ai senti que je pouvais tout supporter. Le message a éveillé un espoir qui était en train de mourir rapidement dans mon cœur. Au moins le 5 juillet, Francis était vivant. À cela je m'accrochais comme à une ancre. Cela m'a donné du courage pour la partie la plus difficile de toutes mes expériences en Allemagne, ces longues journées d'attente dans ce repaire de voleurs. Car je savais que je devais être patient. Bientôt, j'espérais pouvoir extraire mes papiers de Haase ou persuader Kore, à son retour, de me voir, de me donner un permis qui me permettrait d'arriver à Düsseldorf. Mais la durée de mon permis arrivait à expiration et le Juif n'est jamais venu.

Il y avait souvent des moments où j'avais envie de demander à Haase ou à l'un des autres combien de temps mon frère avait servi à cet endroit. Mais j'avais peur d'attirer l'attention sur moi. Personne ne me posait de questions (les questions sur les antécédents personnels étaient déconseillées chez Haase) et, tant que je resterais la corvée utile et non rémunérée, je sentais que mon désir d'obscurité serait respecté. Les questions décousues sur mes prédécesseurs n'ont donné aucune information sur François. L' establishment Haase semblait avoir eu une succession de serviteurs vagues et obscurs.

Ce n'est qu'à propos de Johann, dont je portais le tablier, qu'Otto est devenu communicatif.

"Un imbécile !" a-t-il déclaré. "Il vivait bien ici. Haase l'aimait bien, les clients l'aimaient, surtout les dames. Mais il a dû tomber amoureux de Frau Hedwig (la dame du bar), puis il s'est disputé avec Haase et l'a menacé - vous savez, à propos de " Des clients qui n'ont pas leurs papiers en règle. La prochaine fois que Johann est sorti, ils l'ont arrêté. Et il a été abattu à Spandau ! "

"Tir?" M'écriai-je. "Pourquoi?"

"En tant que déserteur."

"Mais était-ce un déserteur ?"

"Ach! l'était! Mais il avait des papiers de déserteur dans ses poches... les siens avaient disparu. Ach! c'est une mauvaise chose de se disputer avec Haase !"

Après cela, je me suis fait un devoir de rester du côté droit du propriétaire. Par ma diligence sans faille, j'ai même réussi à obtenir son approbation à contrecœur, bien qu'il soit toujours prêt à se lancer dans une passion à la moindre occasion.

Un soir, vers six heures, un jeune homme que je n'avais jamais vu parmi nos clients réguliers descendit les escaliers de la rue et demanda Haase , qui dormait sur le canapé de la pièce intérieure. A la vue du jeune, Frau Hedwige sauta de son perchoir derrière le bar et disparut. Elle revint aussitôt et, sans m'ignorer, conduisit le jeune homme dans la pièce intérieure, où il resta environ une demi-heure. Puis il réapparut, accompagné de Mme Hedwige, et s'en alla.

J'ai été choqué par le changement dans l'apparence de la femme. Son visage était pâle, ses yeux rouges de larmes et ses yeux continuaient à errer vers la porte. C'était une période creuse de la journée et la cave était vide de clients.

"Vous avez l'air mal, Frau Hedwige", dis-je. « Encore des problèmes avec Haase ?

Elle m'a regardé et a secoué la tête, les yeux débordants. Une larme coulait sur le rouge sur sa joue.

"Je dois parler", dit-elle. "Je ne peux pas supporter seul ce suspense. Tu es un jeune homme gentil. Tu es discret. Julius, des ennuis se préparent pour nous !"

"Que veux-tu dire?" J'ai demandé. Un pressentiment du mal monta en moi.

« Coré ! » elle a chuchoté.

"Coré ?" J'ai fait écho. "Et lui ?"

Elle regarda autour d'elle avec crainte.

"Il a été emmené hier matin", a-t-elle déclaré.

"Voulez-vous dire arrêté?" M'exclamai-je, ne voulant pas croire cette nouvelle stupéfiante.

"Ils sont entrés dans son appartement de bon matin et l'ont saisi au lit. Ach! c'est affreux!" Et elle enfouit son visage dans ses mains.

"Mais sûrement", ai-je ajouté d'une manière apaisante, bien qu'avec une peur glaciale au cœur, "il n'y a aucune raison de désespérer. Qu'est-ce qu'une arrestation aujourd'hui avec toutes ces réglementations..."

La femme leva son visage, pâle sous le maquillage, vers le mien.

"Kore a été abattu ce matin à la prison de Moabit ", a-t-elle dit à voix basse. "Ce jeune homme vient d'apporter la nouvelle." Puis elle ajouta, essoufflée, et ses paroles coulant à torrent :

"Vous ne savez pas ce que cela signifie pour nous. Haase a eu affaire à ce juif. S'ils l'ont abattu, c'est parce qu'ils ont appris de lui tout ce qu'ils voulaient savoir. Cela signifie notre ruine, cela signifie que Haase va suivez le même chemin que le Juif.

"Mais Haase est têtu, téméraire. Le messager l'a prévenu qu'un raid pourrait être attendu ici à tout moment. Je l'ai supplié en vain. Il croit que Kore s'est séparé ; il croit que la police pourrait venir, mais il dit qu'elle ose Je ne le touche pas : il leur a été trop utile : il en sait trop. Ach, j'ai peur ! J'ai peur !

de Haase résonnait depuis la pièce intérieure.

"Hedwige !" il a appelé.

La femme s'essuya précipitamment les yeux et disparut par la porte.

La voie était libre si je voulais m'enfuir, mais où pourrais-je aller, sans papier ni passeport, homme traqué ?

La nouvelle de l'arrestation et de l'exécution de Kore m'a hanté. Bien entendu, cet homme exerçait un métier des plus périlleux et jouait probablement à ce jeu depuis des années. Mais supposons qu'ils m'aient suivi jusqu'à la maison dans la rue appelée In den Zelten .

J'ai traversé la pièce et j'ai ouvert la porte donnant sur la rue. Je n'avais jamais mis les pieds dehors depuis mon arrivée, et, si désespéré que ce fût pour moi de tenter de m'échapper, je pensais pouvoir reconnaître les environs de la cave à bière pour déceler l'éventualité d'une fuite.

J'ai monté légèrement les escaliers jusqu'à la rue et j'ai failli heurter un homme qui se prélassait dans l'entrée. Nous nous sommes tous les deux excusés, mais il m'a regardé fixement avant de continuer. Puis j'ai vu un autre homme déambuler de l'autre côté de la rue. Plus loin, au coin, deux hommes flânaient.

Chacun d'eux avait les yeux fixés sur l'entrée de la cave devant laquelle je me trouvais.

Je savais qu'ils ne pouvaient pas voir mon visage, car la rue était faiblement éclairée et derrière moi se trouvait le fond sombre de l'escalier de la cave. J'ai pris mes nerfs à rude épreuve, j'ai allumé une cigarette et je l'ai fumée très délibérément, comme si j'étais venu d'en bas pour prendre une bouffée d'air frais. J'ai attendu un peu puis je suis descendu.

A peine étais-je de retour dans la cave que Haase surgit de la pièce intérieure, suivi de la femme. Il se tenait droit et ses yeux brillaient. Je n'aimais pas cet homme, mais je dois dire qu'il avait l'air sympa. Dans sa main, il portait mes papiers.

« Voilà, mon garçon, dit-il d'un ton assez amical, mets- les dans ta poche, tu en voudras peut -être ce soir.

J'ai jeté un coup d'œil aux journaux avant de suivre ses conseils.

Il a remarqué mon action et a ri.

"Ils vous ont parlé de Johann", dit-il. "N'aie crainte, Julius, toi et moi sommes de bons amis."

Les papiers étaient bien ceux de Julius Zimmermann.

Nous étions en train de dîner à l'une des tables de la pièce de devant - il n'y avait que quelques clients car il était si tôt - lorsqu'un homme, un de nos visiteurs réguliers, descendit précipitamment les escaliers. Il se dirigea directement vers Haase et lui parla à l'oreille.

"Faites attention, Haase ", l'ai-je entendu dire. " Savez-vous qui a fait arrêter et tirer sur Kore ? C'était Botfoot. Il y a plus de choses là-dedans que nous le savons. Faites attention et sortez ! Dans environ une heure, il sera peut-être trop tard. "

Puis il s'est enfui, me laissant abasourdi.

"Par Dieu !" dit l'aubergiste en abattant un grand poing sur la table pour faire sonner les verres, ils ne me toucheront pas. Ce n'est pas le diable lui-même qui me fera quitter cette maison avant qu'ils viennent, s'ils viennent !

La femme fondit en larmes, tandis qu'Otto cligna des yeux larmoyants de terreur. Je me suis assis et j'ai regardé mon assiette, le cœur trop plein pour les mots. C'était amer d'avoir tant osé arriver jusqu'ici et de trouver ensuite le chemin bloqué, semblait-il, par une barrière infranchissable. Ils s'en prenaient à moi, c'était normal : la mention du nom de Pied Bot, le châtiment rapide et sévère qui s'était abattu sur Kore le rendaient certain — et je ne pouvais rien faire. Cette cave était une impasse, un véritable piège, et je savais que si je m'éloignais de la maison , je tomberais entre les mains de ces hommes qui veillaient silencieusement dans la rue.

Il me fallait donc attendre, aussi calmement que possible, et voir ce que la soirée apporterait. Peu à peu, la cave s'est remplie au fur et à mesure que les gens affluaient, mais j'ai remarqué que de nombreux visages familiers manquaient. De toute évidence, la mauvaise nouvelle s'était répandue. Un jour, un homme est venu chercher un verre de bière et est ressorti, laissant la porte ouverte. Alors que je le fermais, j'entendis une exclamation sourde et le bruit d'une bagarre en haut de l'escalier. Cela s'est fait si discrètement que personne en bas, à part moi, ne savait ce qui s'était passé. L'incident m'a montré que la montre était bien tenue.

La soirée se prolongea, interminablement, à ce qu'il me semblait. Je courais d'avant en arrière du bar, chargé de chopes de bière et de verres de schnaps, sans cesse, de haut en bas. Mais je ne manquais jamais, chaque fois qu'il y avait une pause dans les ordres, de voir que mon voyage se terminait quelque part dans le voisinage de la porte. Un faible espoir brillait dans mon cerveau.

Jusqu'à la fin de ma vie, cette interminable soirée à la cave à bière restera gravée dans ma mémoire. Je revois encore la scène dans ses moindres détails, et je sais que j'emporterai le tableau avec moi dans la tombe ; la longue salle basse au plafond noirci, la lumière jaune criarde du gaz, la brume de fumée, les tables bondées, Otto, se traînant ici et là de son air mesquin et boudeur, Mme Hedwige, préoccupée à son bureau, les yeux rouges, l'air grave. image du malheur, et Haase , présidant la machine à bière, silencieux, provocant, calme, mais vigilant à chaque fois que la porte s'ouvrait.

Quand enfin le coup tomba, il fut soudain. Un piétinement dans l'escalier, un grand coup de sifflet... puis la porte s'ouvrit brusquement au moment où tout le monde dans la cave se levait au milieu des exclamations et des jurons des hommes et des cris aigus des femmes. Dans l'embrasure de la porte se tenait Botfoot, majestueux, autoritaire, portant une sorte de petite calotte, comme celles que portent les étudiants en duel , sur un mouchoir de soie noire noué autour de sa tête. A la vue de l'homme, le brouhaha cessa instantanément. Tous étaient encore en sécurité Haase , dont la voix de taureau réclamant le silence brisa le silence de la pièce avec la force d'une explosion.

J'étais dans mon coin près de la porte, appuyé contre les manteaux et les chapeaux accrochés au mur. Devant moi, une frise de visages effrayés me cachait de l'observation. Rapidement, j'ai enlevé mon tablier.

Pied Bot, après avoir jeté un rapide coup d'œil autour de la pièce, se dirigea à grands pas vers le bar où se tenait Haase , une foule d'hommes en civil et de policiers à ses talons. Puis, tout à coup, la lumière s'éteignit, plongeant l'endroit dans l'obscurité. Instantanément, la pièce fut dans la confusion ; les femmes criaient ; une voix, que je reconnus comme celle de Botfoot, hurlait avec stentor pour obtenir des lumières... le moment était venu d'agir.

J'ai attrapé un chapeau et un manteau dans le couloir, je les ai enfilés d'une manière ou d'une autre et je me suis précipité vers la porte. Dans la faible lumière provenant d'un réverbère extérieur qui descendait les escaliers, j'ai vu un homme à la porte. Apparemment, il le gardait.

"Dos!" a-t-il crié alors que je m'approchais de lui.

Je lui ai montré dans les yeux l'étoile argentée que je tenais dans ma main.

"Le chef veut des lanternes !" Dis-je bas à son oreille.

Il a attrapé ma main qui tenait le badge et l'a abaissé vers la lumière.

"Très bien, camarade," répondit-il. "Drechsler a une lanterne, je pense ! Vous le trouverez dehors !"

Je me suis précipité dans les escaliers et j'ai croisé un groupe de trois policiers.

"Le chef veut immédiatement Drechsler avec la lanterne", criai-je en montrant mon étoile. Les trois se dispersèrent dans des directions différentes appelant Drechsler.

Je m'éloignai rapidement.

CHAPITRE XV

LE SERVEUR DU CAFÉ REGINA

J'ai calculé que j'avais au moins deux heures, au plus trois heures, pour quitter Berlin. Quelle que soit la rapidité avec laquelle Pied Club pourrait agir, il lui faudrait certainement une heure et demie, estimais-je, à partir de la découverte de mon vol en provenance de Haase pour avertir la police des gares de m'arrêter. Si je pouvais tracer une fausse piste, je pourrais au pire prolonger cette période de grâce ; au mieux, je pourrais l'induire complètement en erreur quant à ma destination finale, qui était bien entendu Düsseldorf. L'inconnue dans mes calculs était le temps qu'il faudrait à Pied Bot pour envoyer un avertissement dans toute l'Allemagne afin d'arrêter Julius Zimmermann, serveur et déserteur, où et quand il serait appréhendé.

Au premier tournant où je suis arrivé après avoir quitté Haase's , des lignes de tramway traversaient la rue. Un tramway attendait, en direction du sud, là où se trouvait le centre de la ville. J'ai sauté sur la plate-forme avant à côté de la conductrice. Il fait assez sombre devant et le contrôleur ne peut pas voir votre visage lorsque vous payez votre billet à travers une trappe située dans la porte menant à l'intérieur du tramway. Je suis descendu du tram à Unter den Linden et j'ai marché dans quelques rues secondaires jusqu'à ce que je tombe sur un café à l'air tranquille. Là, j'ai reçu un guide ferroviaire et j'ai commencé à revoir mes projets.

Il était midi moins dix. Un homme dans ma situation se dirigerait selon toute probabilité vers la frontière. Ainsi, ai-je jugé, Clubfoot devait calculer, même si, imaginais-je, il avait dû se demander pourquoi je n'avais pas tenté depuis longtemps de m'enfuir en Angleterre. Düsseldorf se trouvait sur la route principale menant à la Hollande, et il serait certainement plus prudent, par exemple, de se diriger vers le Rhin et d'atteindre ma destination sur un bateau à vapeur rhénan. Mais le temps était le facteur primordial dans mon cas. En partant immédiatement — le soir même — pour Düsseldorf, je pourrais peut-être y arriver avant que les autorités locales aient eu le temps de recevoir l'avertissement de rechercher un homme répondant à mon signalement. Si je pouvais laisser derrière moi à Berlin un faux indice vraiment valable, il était tout simplement possible que Pied Club y donne suite *avant de* prendre des dispositions générales pour assurer mon arrestation si cet indice échouait. J'ai décidé que je devais parier sur cette hypothèse.

Le guide ferroviaire indiquait qu'un train partait pour Düsseldorf de la Potsdamer Bahnhof — le grand terminus ferroviaire en plein centre de Berlin — à 0 h 45. Cela me laissait environ trois quarts d'heure pour tracer ma fausse trace et prendre mon train. Ma fausse piste devrait mener Pied Bot dans une direction totalement inattendue, ai-je déterminé, car c'est l'inattendu qui attire en premier l'attention de l'esprit alerte et détective. Je devrais également sélectionner un autre terminus.

Pourquoi pas Munich ? Une grande ville sur la grande route menant à une frontière étrangère – la Suisse – avec des autorités dont la simplicité est proverbiale en Allemagne. Vous quittez Berlin pour Munich depuis l' Anhalter Bahnhof , un terminus qui convenait bien à mon objectif, car il se trouve à seulement quelques minutes en voiture de la gare de Potsdamer.

Le guide ferroviaire indiquait qu'il y avait un train qui partait pour Munich à 0 h 30 : un express. Cela ferait admirablement l'affaire. Munich, ce devrait être alors.

Heureusement, j'avais beaucoup d'argent. J'avais pris la précaution de demander à Kore de changer mon argent en billets allemands avant de quitter In den Zelten ... à un taux de change absurde, disons-le. Comme j'aurais été perdu sans la liasse de notes de Semlin !

J'ai payé mon café et je suis reparti. Il était 12h15 lorsque j'entrai dans le hall de la gare d'Anhalt.

Me rappelant la ruse que m'avait apprise le sympathique guide de Rotterdam, je commençai par acheter un billet de quai. Ensuite, j'ai cherché un fonctionnaire sur lequel je pourrais convenablement faire valoir mon identité. À ce moment-là, j'ai aperçu un type à l'air pompeux, vêtu d'un uniforme bleu vif et d'une casquette écarlate, une sorte de chef de gare junior, pensais-je.

Je me suis approché de lui et, levant mon chapeau, je lui ai demandé poliment s'il pouvait me dire quand un train partait pour Munich.

"L'express part à 12h30", dit-il, "mais seulement en première et en deuxième classe, et vous devrez payer un supplément. Le train lent ne part qu'à 17h49."

J'ai pris une expression de vexation.

"Je suppose que je dois prendre l'express", dis-je. "Pouvez-vous me dire où se trouve le bureau de réservation ?"

Le fonctionnaire m'a montré un casier et j'ai pris soin de parler assez fort pour qu'il m'entende demander un billet simple en deuxième classe pour Munich.

Je suis monté à l'étage et j'ai présenté mon billet pour Munich au collecteur à la barrière. Ensuite, je me suis précipité devant les quais de la ligne principale du côté banlieue, où j'ai abandonné mon ticket de quai et suis redescendu dans la rue.

C'était juste à la demi-heure que je sortais de la gare. Pas un taxi en vue ! J'ai couru aussi vite que mes jambes me le permettaient jusqu'à ce que, essoufflé et haletant, j'atteigne le terminus de Potsdam. L'horloge de la gare indiquait 12h39.

Une longue file d'attente, composée en majorité de soldats rentrant en Belgique et au front, se tenait devant le bureau de réservation. Les militaires faisaient changer leurs mandats contre des contraventions. J'étais irrité par le retard, mais c'est en fait cette circonstance qui m'a permis d'obtenir mon billet pour Düsseldorf sans laisser aucun indice derrière moi.

Un grand Landsturm barbu et au visage aimable se tenait au casier.

"Je suis très en retard pour mon train, mon ami," dis-je, "voudriez-vous m'offrir un single de troisième classe pour Düsseldorf ?" Je lui ai remis un billet de vingt marks.

"Tu as raison," répondit-il volontiers.

"Voilà," dit-il en me tendant mon billet et une poignée de monnaie, "et tu as de la chance d'aller sur le Rhin. Je suis moi-même originaire du Rhin et maintenant je retourne garder les ponts en Belgique ! "

Je l'ai remercié et lui ai souhaité bonne chance. Voilà au moins un témoin qui n'était pas de nature à me déranger. Et le cœur reconnaissant, je me suis précipité sur le quai et j'ai pris le train.

Voyager en troisième classe en Allemagne n'est pas un passe-temps à cultiver si vos moyens vous permettent de vous offrir le luxe d'un meilleur logement. L'Allemand qui voyage a l'habitude d'enlever ses bottes lorsqu'il voyage de nuit en train - et un wagon de Huns de la petite bourgeoisie, ainsi déchaussé, à la température à laquelle les compartiments ferroviaires sont habituellement maintenus en Allemagne, est un environnement qui ne fait ni pour le confort ni pour le sommeil.

L'atmosphère était en effet si insupportable que j'ai passé la majeure partie de la nuit dans le couloir. Ici, j'ai pu détruire les papiers de Julius Zimmermann, serveur... Je me sentais plus en danger tant que je les avais sur moi... et m'assurer que mon précieux document était à sa place habituelle : dans mon portefeuille. C'est alors que je découvris, annihilant au premier choc, que mon insigne en argent avait disparu. Je ne me souvenais pas de ce que j'en avais fait dans l'excitation de mon évasion de chez Haase . Je me souviens de l'avoir eu dans ma main et de l'avoir montré à la police en haut des escaliers, mais après cela, mon esprit était vide. Je ne pouvais qu'imaginer que j'avais dû le porter inconsciemment dans ma main, puis le laisser tomber sans le vouloir. J'ai regardé l'endroit où il avait été accroché à mon appareil dentaire : il n'y était pas et je l'ai cherché en vain dans toutes mes poches.

Je l'avais utilisé comme moyen de secours en cas de problème à la gare de Düsseldorf. Maintenant, je me retrouvais sans défense si j'étais défié. Ce fut un coup dur, mais je me consolai en pensant que, désormais, Clubfoot savait que j'avais cet insigne… il figurerait sans aucun doute dans toute description circulant à mon sujet.

Ce fut un voyage des plus désagréables. Il y avait une sorte de chorale dans le train, occupant sept ou huit compartiments de la voiture de troisième classe dans laquelle je voyageais. Pendant les premières heures, ils ont rendu la nuit hideuse avec des chants partiels, des catches et des allégresses scandés avec un volume sonore qui, dans cet endroit confiné, était tout simplement assourdissant. Puis le bruit s'est calmé tandis qu'un à un les chanteurs s'endormaient. Bientôt le silence tomba, tandis que le train s'élançait dans l'obscurité m'entraînant vers de nouveaux périls, de nouvelles aventures.

Une bouffée d'air frais sur mon visage, un piétinement de pieds, des salutations bruyantes dans un allemand guttural, me réveillèrent en sursaut. Il faisait grand jour et dans mon compartiment, où je m'étais glissé la nuit, fatigué de rester debout, défilaient les membres joviaux de la chorale, des sacs à la main et d'énormes cocardes à la boutonnière. Il y avait un orchestre sur l'estrade et un énorme chœur d'hommes qui braillaient un hymne de salutation à la voix de stentor. "Düsseldorf" était le nom imprimé sur les lampes de la gare.

Tous les passagers, à l'exception des membres de la chorale, étaient apparemment descendus du train, car toutes les portes des voitures étaient ouvertes. Je me levai d'un bond et me laissai emporter par le flot des hommes. Ainsi , je suis sorti du train et me suis retrouvé au milieu de la foule bousculée de musiciens, de chanteurs et de spectateurs sur le quai. Je suis resté avec les nouveaux arrivants jusqu'à la fin de l'hymne et ainsi solidement *encadrés* par les Düsseldorfois , nous avons dérivé à travers la barrière dans la cour de la gare. Là attendaient les freins dans lesquels les joyeux choristes, invités et hôtes, grimpaient bruyamment. Mais j'ai marché tout droit dans les rues, réalisant à peine que personne ne m'avait interrogé, qu'enfin, sans entrave, je me trouvais devant mon but.

Düsseldorf est une ville lumineuse et propre avec une touche de bon goût dans ses bâtiments publics pour rappeler que cette ville industrielle et animée a trouvé le temps, tout en gagnant de l'argent, de devenir sa propre école d'art. C'était une matinée délicieuse avec un soleil éblouissant et une bouffée d'air qui évoquait le fleuve rapide et profond qui baigne les murs de la ville. Je me délectais de l'atmosphère claire et froide après la férocité de l'abreuvoir et la chaleur étouffante du voyage. J'exultais du sentiment de liberté que j'éprouvais d'avoir une fois de plus échappé aux sinistres griffes de Clubfoot.

Surtout, mon cœur chantait en moi à l'idée d'une rencontre prochaine avec François. Dans mon état d'esprit, je n'admettrais aucune possibilité de déception maintenant. Francis et moi allions enfin nous retrouver.

Je suis arrivé sur une place publique et là, en face de moi, se trouvait un très grand café, blanc, neuf et éblouissant, avec de grandes baies vitrées et des rangées de tables sur une véranda couverte à l'extérieur. Il s'agissait sans aucun doute d'un établissement « *kolossal* » au meilleur style berlinois. Pour qu'il n'y ait aucune erreur sur le nom, il était affiché sur toute la devanture de la maison en lettres dorées de trois pieds de haut sur des panneaux de verre : Café Regina.

Il était environ neuf heures du matin et à cette heure matinale j'avais la maison pour moi tout seul. Je me sentais tout petit, assis à une petite table, avec des tables à chaque côté de moi, m'étendant pour ainsi dire dans l' *Ewigkeit* , dans une vaste salle blanche avec des peintures murales de l'école impressionniste la plus grossière.

J'ai commandé un bon petit-déjeuner copieux et j'ai passé le temps en jetant un coup d'œil au journal du matin que le serveur m'avait apporté.

Mes yeux parcouraient les colonnes sans prêter attention à ce que je lisais, car mes pensées étaient occupées avec Francis. Quand est-il venu au café ? Comment vivait-il à Düsseldorf ?

Du coup, je me suis retrouvé à regarder un nom que je connaissais… c'était dans les paragraphes personnels.

"Le lieutenant-général comte von Boden", disait le paragraphe, "l'aide de camp de SM l'Empereur a été inscrit sur la liste des retraités pour cause de mauvaise santé. Le général von Boden est parti pour Abbazia , où il prendra sa résidence permanente." Viennent ensuite les notes biographiques habituelles.

En vérité, Clubfoot était une puissance dans le pays.

J'ai pris mon petit déjeuner à une table près de la porte ouverte et j'ai observé la vie trépidante de la place où les pigeons tournaient au soleil. Un serveur se tenait sur la véranda, observant paresseusement les oiseaux qui picoraient les pierres. J'ai été frappé par la profonde mélancolie qui se lisait sur son visage. Ses joues étaient enfoncées et il avait un air pincé que j'avais observé sur les traits de la plupart des clients de Haase . Je l'attribue au manque d'alimentation qui est aujourd'hui généralisé parmi les classes inférieures d'Allemagne.

Mais en plus de l'apparence décharnée de cet homme, ses yeux étaient creux, il y avait des rides profondes autour de sa bouche et il arborait un air hagard qui avait quelque chose d'étrangement pathétique. Son air de tristesse maussade semblait m'attirer, et mes yeux revenaient continuellement sur son visage.

Et puis, sans avertissement, grâce à un mystérieux murmure du sang, la vérité m'est venue à l'esprit que c'était mon frère. Je ne sais pas si c'était une humeur passagère reflétée sur son visage ou les lumières et les ombres changeantes de ses yeux qui ont levé le voile. Je sais seulement qu'à travers ces traits ravagés par le souci et la souffrance et malgré eux j'entrevis le frère que j'étais venu chercher.

J'ai fait trembler une cuillère sur la table et j'ai appelé doucement vers la véranda.

« *Kellner !* »

L'homme se tourna.

Je lui ai fait signe. Il est venu à ma table. Il ne m'a jamais reconnu, tant il était ennuyé de déception... moi avec mon apparence mal rasée, négligée et dans mon méchant allemand de mauvaise qualité... mais il restait silencieux, attendant mes ordres.

"Francis", dis-je doucement... et je parlais en allemand... "Francis, tu ne me connais pas ?"

Il était magnifique, fort et plein de ressources dans sa joie lors de notre rencontre comme il l'avait été pendant ses mois d'attente lasse.

Seule sa bouche frémit un peu alors que instantanément ses mains s'occupaient de nettoyer mon petit-déjeuner.

" Jawohl ! " » répondit-il d'une voix parfaitement dénuée d'émotion.

Et puis il a souri et en un éclair le vieux Francis s'est tenu devant moi.

"Pas un mot maintenant", dit-il en allemand alors qu'il débarrassait le petit-déjeuner. "Je pars cet après-midi. Retrouvez-moi sur la promenade fluviale près de la statue de Schiller à deux heures et quart et nous irons nous promener. Ne restez pas ici maintenant mais revenez déjeuner au restaurant... c'est toujours bondé et plutôt sûr !"

Puis il cria dans le vide :

"Vingt-six veut payer !"

Telle fut ma rencontre avec mon frère.

CHAPITRE XVI

UNE FERMETURE DE MAIN AU BORD DU RHIN

Cet après-midi-là, Francis et moi avons marché le long des rives du Rhin au courant rapide jusqu'à ce que nous soyons bien au-delà de la ville. Même si j'avais hâte qu'il me révèle cette partie de sa vie qui se cachait sous ces lignes de souffrance sur son visage, il m'a d'abord fait raconter mon histoire. Je lui racontai donc l'extraordinaire série d'aventures qui m'étaient arrivées depuis la nuit où je m'étais trompé sur la piste d'un grand secret dans ce mauvais hôtel de Rotterdam.

Francis n'a pas interrompu une seule fois le flux de mon récit. Il écoutait avec l' intérêt le plus tendu , mais avec une inquiétude croissante qui se trahissait clairement sur son visage. A la fin de mon récit, je lui ai remis silencieusement la moitié de la lettre volée que j'avais saisie chez Pied Club à l'Hôtel Esplanade.

"Gardez-le, Francis," dis-je. "C'est plus sûr avec un serveur respectable comme toi qu'avec un paria traqué comme moi !"

Mon frère sourit faiblement, mais son visage prit l'air de grave inquiétude avec lequel il avait entendu mon histoire. Il scruta de très près les bouts de papier, puis les rangea dans une trousse à lettres qu'il boutonna dans sa poche de hanche.

"La Fortune est une étrange déesse, Des", dit-il, ses yeux fatigués parcourant le ruisseau turgescent et jaune, "et elle a été gentille avec toi, même si, Dieu sait, tu as joué le rôle d'un homme dans tout cela. Elle a mis en votre possession quelque chose pour lequel au moins cinq hommes sont morts en vain, quelque chose qui a rempli mes pensées, endormies et éveillées, pendant plus de six mois. Ce que vous m'avez dit jette beaucoup de lumière sur le mystère qui Je suis venu dans ce pays maudit pour élucider, mais cela approfondit aussi l'obscurité qui enveloppe encore de nombreux points de l'affaire.

"Tu sais qu'il y a des problèmes dans notre jeu, mon vieux, qui sont encore plus élevés que la confiance qu'il y a toujours eu entre nous deux. C'est pourquoi je t'ai si rarement écrit en France - je ne pourrais rien te dire à ce sujet. mon travail : c'est une des règles de notre jeu. Mais maintenant que vous êtes vous-même entré dans la course, je sens que nous sommes partenaires, alors je vais vous dire tout ce que je sais.

" Écoutez donc. Vers le début de l'année, une lettre écrite par un Allemand interné dans l'un des camps d'Angleterre a été arrêtée par le Censeur du Camp. Cet Allemand s'appelait Schulte : il a été arrêté dans une maison de

Dalston le lendemain de notre déclaration de guerre à l'Allemagne. Il y avait une bonne raison à cela, car notre ami Schulte (nous ne connaissons pas son vrai nom) était connu de mon chef comme l'un des espions les plus audacieux et les plus performants qui aient jamais opéré en Allemagne. Les îles britanniques.

" On a donc gardé un œil attentif sur sa correspondance, et un jour cette lettre a été saisie. Elle était, je crois, parfaitement inoffensive à l'œil, mais l'expert auquel elle a finalement été soumise a vite décelé un code conventionnel dans les phrases bavardes. sur la vie quotidienne du camp. Il s'agissait d'une communication de Schulte à un tiers concernant une certaine lettre que, apparemment, l'auteur imaginait que le tiers avait un intérêt considérable à acquérir. Car il proposa de vendre cette lettre à la troisième partie, mentionnant une somme si ridiculement élevée qu'elle a attiré l'attention sérieuse de nos services de renseignement. La moitié de la somme mentionnée étant versée sur le compte de l'auteur dans une certaine banque à Londres, la lettre poursuivait en disant que l'auteur enverrait l'adresse à laquelle se trouverait l'objet en question."

"Il s'agissait simplement d'envoyer à Schulte une lettre en retour, acceptant ses conditions, et de faire effectuer le paiement, comme souhaité, à la banque qu'il avait mentionnée. Sa communication en réponse à cela a été dûment interrompue. L'adresse qu'il a donnée était celle d'une maison située aux portes de Clèves.

"Nous n'avions aucune idée de ce qu'était cette lettre, mais sa valeur apparente aux yeux de l'astucieux M. Schulte rendait hautement souhaitable que nous en obtenions possession sans délai. Quatre d'entre nous furent choisis pour cette mission dangereuse d'entrer en Allemagne. et le chercher, par crochet ou par escroc, dans la maison de Clèves où il était déposé. Nous devions entrer tous les quatre en Allemagne par des routes et des moyens différents et converger vers Clèves (qui est tout près de la frontière hollandaise).

"Il serait trop long de vous parler de l'organisation très précise que nous avons élaborée pour exclure tout risque d'échec et des différents schémas que nous avons élaborés pour rester en contact les uns avec les autres tout en travaillant séparément et en rotation. Cela n'a pas non plus beaucoup d'importance. Le fait est que, dès ma première tentative pour franchir la frontière, j'ai réalisé qu'une force immensément puissante agissait contre moi.

"J'y suis parvenu, avec une demi-douzaine d'évasions d'un cheveu, et j'attribuais mon succès uniquement à ma connaissance de l'allemand et à mon vieux truc d'imitations allemandes. Mais je sentais partout l'influence de cette main invisible, imposant une vigilance méticuleuse. auquel il était presque impossible d'échapper. Je n'ai donc pas été surpris d'apprendre que deux de mes compagnons ont eu du mal dès le début.

Mon frère baissa la voix et regarda autour de lui.

« Savez-vous ce qui est arrivé à ces deux vaillants camarades ? il a dit. "Jack Tracy a été retrouvé mort sur la voie ferrée : Herbert Arbuthnot a été découvert pendu dans un bois. "Suicide d'un individu inconnu", c'est ainsi que les journaux allemands l'appelaient dans chaque cas. Mais j'ai entendu la vérité... peu importe comment. Ils ont été pris en embuscade et massacrés de sang-froid. »

« Et le troisième homme dont vous avez parlé ? J'ai demandé.

"Philip Brewster ? Disparu, Des... a complètement disparu. Je crains que lui aussi ne soit parti vers l'ouest, le pauvre type !

"De nous quatre, j'étais le seul à atteindre notre objectif. Là, je suis resté à blanc. La lettre n'était pas dans la cachette indiquée. Je pense qu'elle n'y était jamais allée, sinon les Huns l'auraient eu. J'ai senti tout l'époque où ils ne savaient pas exactement où se trouvait la lettre mais qu'ils anticipaient notre tentative de la récupérer, d'où la vigilance incessante tout le long de la frontière et à l'intérieur aussi.

"Ils ont failli m'attraper à Clèves : j'ai échappé comme par miracle, et la chose providentielle pour moi était que je ne m'étais jamais posé comme autre chose qu'un Allemand, seulement je variais le type que je représentais presque de jour en jour. Ainsi je suis parti aucune trace derrière, sinon ils m'auraient eu depuis longtemps.

La tristesse dans la voix de mon frère augmenta et les ombres se creusèrent sur son visage.

"Ensuite, j'ai essayé de sortir", a-t-il poursuivi. "Mais c'était désespéré dès le début. Ils savaient qu'il restait l'un d'entre nous dans le filet et ils ont fermé tous les points de vente. J'ai fait deux tentatives distinctes pour repasser la ligne vers les Pays-Bas, mais les deux ont échoué. La deuxième fois, j'ai dû littéralement Je fuyai pour sauver ma vie. Je me rendis directement à Berlin, sentant qu'une grande ville, aussi éloignée que possible de la frontière, était pour moi le seul refuge sûr aussi longtemps que duraient les cris.

"J'étais également dans une situation désespérée, car j'avais dû abandonner le dernier jeu de papiers d'identité qui me restait lorsque je m'enfuis. J'ai atterri à Berlin avec la certitude qu'aucun toit ne pourrait m'abriter en toute sécurité jusqu'à ce que j'obtienne un nouveau terrain. de papiers.

« Je connaissais Koré – j'avais entendu parler de lui et de son agence d'escrocs et de déserteurs au cours de mes voyages – et je suis allé directement vers lui. Il m'a envoyé chez Haase ... c'était vers la fin juin. C'est chez Haase que j'ai envoyé ce message à van Urutius qui est tombé entre vos mains.

"J'étais plutôt amical avec un type qui fréquentait Haase , un homme employé dans le département d'emballage de l'usine métallurgique de Steglitz . Il nous racontait un soir à quel point ils manquaient de personnel et combien d'argent les emballeurs gagnaient. J'en avais marre de étant enfermé dans cette cave puante, alors, plus pour plaisanter qu'autre chose, je lui ai proposé de venir donner un coup de main au département d'emballage. Je pensais que j'aurais peut-être une chance de m'échapper, n'en voyant aucune chez Haase . À ma grande surprise, Haase , qui était assis à table, a plutôt trouvé l'idée intéressante et m'a dit que je pouvais y aller si je lui payais la moitié de mon salaire : je n'avais rien à la cave à bière.

" J'ai donc été engagé à Steglitz , je dormais chez Haase et j'aidais le soir à la cave à bière. Un jour, un colis pour le vieux van Urutius m'est venu pour être préparé et tout à coup je me suis rendu compte qu'il y avait là une chance de le préparer. envoyant un message au monde extérieur. J'espérais que ce vieux van U., s'il tombait à l' Eichenholz , vous l'enverrait et que vous le transmettriez à mon chef à Londres.

"Alors tu t'attendais à ce que je vienne après toi ?" J'ai dit .

"Non", répondit promptement Francis, "je ne l'ai pas fait. Mais l'accord était que, si aucun de nous quatre hommes ne se présentait au quartier général avant le 15 mai, un cinquième homme entrerait et se trouverait à un rendez-vous donné près du quartier général. frontière le 15 juin. Je me suis rendu sur place le 15 juin, mais il ne s'est jamais présenté et, même si j'ai attendu quelques jours, je n'ai vu aucun signe de lui. J'ai fait ma dernière tentative pour sortir et j'ai échoué. ainsi, quand je me suis enfui à Berlin, je savais que j'avais coupé tous les moyens de communication avec la maison. Comme dernier espoir, j'ai déchiffré ce chiffre sur un coup de tête et je l'ai glissé dans la facture du vieux van U. "

"Mais pourquoi 'Achille' avec un 'l' ?" J'ai demandé.

"Ils savaient tout sur l'agence de Kore au quartier général, mais je n'ai pas osé prononcer le nom de Kore de peur que le colis ne soit ouvert. J'ai donc volontairement épelé 'Achilles' avec un 'l' pour attirer l'attention sur le mot de code, donc qu'ils sachent où se trouvaient mes nouvelles. C'était diablement intelligent de votre part de déchiffrer cela, Des!"

Francis m'a souri.

"J'avais l'intention de rester tranquillement à Berlin, faisant quotidiennement le trajet entre Haase et l'usine et attendant un mois ou deux, au cas où ce message arriverait chez moi. Mais Kore a commencé à semer le trouble. Début juillet , il est venu me voir et J'ai laissé entendre que le renouvellement de mon *permis de séjour* coûterait de l'argent. Je l'ai payé, mais j'ai alors compris que j'étais absolument sous son pouvoir et que je n'avais aucune intention de me faire chanter. J'ai donc profité de sa cupidité pour laisser un message au L'homme qui, je l'espérais, s'en prendrait à moi, a écrit cette ligne sur le mur sous l'affiche de Boonekamp dans cette masure crasseuse où nous dormions et est venu ici après un travail dont j'avais entendu parler au Café Regina.

"Et maintenant, Des, mon vieux," dit mon frère, "tu sais tout ce que je sais !"

« Et le pied bot ?

"Ah!" dit Francis en secouant la tête, là je crois reconnaître la main qui est contre nous depuis le début, mais qui est cet homme et quel est son pouvoir, je ne le sais, comme vous, que par ce qu'il vous a dit lui-même. Les Allemands sont assez intelligents, comme nous le savons par leurs communiqués, pour dire la vérité quand cela leur convient. Je crois que Clubfoot vous disait la vérité dans ce qu'il a dit sur sa mission cette nuit-là sur l'Esplanade.

"Vous et moi savons maintenant que le Kaiser a écrit cette lettre... nous savons aussi qu'elle était adressée à un ami anglais influent de Guillaume II. Vous avez vu la date... Berlin, le 31 juillet 1914... la veille du déclenchement de la guerre mondiale. Même avec cette moitié dans ma poche... et vous qui avez vu les deux moitiés de la lettre confirmerez ce que je dis... J'imagine quel effet cette lettre aurait sur la situation internationale si elle était parvenue à l'homme à qui elle était destinée. Mais elle n'est pas arrivée... pourquoi, nous ne le savons pas. Nous savons cependant que l' Empereur a un vif désir de reprendre possession de sa lettre... vous vous avez été témoin de son inquiétude et vous savez qu'il a remis l'affaire entre les mains de l'homme Botfoot.

"Eh bien", observai-je pensivement, "Pied-bot, quel qu'il soit, semble avoir fait tout son possible pour garder mes escapades sombres..."

"Précisément", dit Francis, "et heureusement pour vous aussi. Autrement, Pied Bot vous aurait fait arrêter à la frontière. Mais évidemment le secret est une partie essentielle de ses instructions, et il s'est montré prêt à risquer presque n'importe quoi plutôt que d'appeler. l'aide de la police régulière.

"Mais ils peuvent toujours faire taire ces choses !" Je m'y suis opposé.

" Du public, oui, mais pas de la Cour. Cette lettre ressemble inhabituellement à l'une des impulsions soudaines de William... et j'imagine que quelque chose de ce genre serait très peu toléré en Allemagne en temps de guerre. "

"Mais qui est Pied Bot ?" J'ai interrogé.

Mon frère fronça les sourcils avec inquiétude.

"Des", dit-il, "je ne sais pas. Ce n'est certainement pas un fonctionnaire régulier des services secrets allemands comme Steinhauer et les autres. Mais j'ai *entendu* parler d'un Allemand au pied bot à deux reprises... les deux étaient sombres et mystérieux. affaires, dans les deux cas, il a joué un rôle de premier plan et les deux se sont soldés par la mort violente de l'un de nos hommes.

« Alors Tracy et les autres… ? J'ai demandé.

"Victimes de cet homme, Des, sans aucun doute", répondit mon frère. Il s'arrêta un instant pour réfléchir.

"Il y a un code d' honneur dans notre jeu, mon vieux", dit-il, "et il y a beaucoup d'hommes dans les services secrets allemands qui le respectent. Nous donnons et recevons beaucoup de coups durs dans les moments difficiles. la poursuite est déchaînée, mais les embuscades et les assassinats sont interdits. »

Il inspira profondément et ajouta :

"Mais l'homme Pied Club ne joue pas le jeu !"

"Francis," dis-je, "j'aurais aimé savoir quelque chose de cela la nuit où je l'avais à ma merci sur l'Esplanade. Il ne s'en serait pas tiré avec un crâne fêlé... d'un seul coup. Il y aurait eu un autre coup pour Tracy, un pour Arbuthnot, un pour l'autre homme... jusqu'à ce que le compte soit réglé et que je lui brise la cervelle sur le tapis. Mais si nous le rencontrons à nouveau, Francis,... comme, s'il te plaît, Dieu , nous le ferons !... il n'y aura pas de code d' honneur pour *lui* ... nous l'achèverons de sang-froid comme on tuerait un rat !"

Mon frère m'a tendu la main et nous nous sommes serrés les mains.

Le soir tombait et les lumières commençaient à scintiller sur l'autre rive de la rivière.

Nous restâmes un moment silencieux, la rivière coulant à nos pieds. Puis nous nous sommes retournés et avons commencé à retourner vers la ville. Francis a lié son bras au mien.

"Et maintenant, Des," dit-il avec son ancienne manière affectueuse, "parle-m'en un peu plus sur Monica !"

De cette conversation a germé dans ma tête le seul plan qui semblait nous offrir une chance de nous échapper. J'étais tout prêt à croire François lorsqu'il déclarait que la frontière était actuellement infranchissable : si la vigilance avait été accrue auparavant, elle redoublait maintenant que j'avais de nouveau échappé à Pied Bot. Il faudrait donc que nous trouvions un abri où nous pourrions rester allongés jusqu'à ce que l'excitation passe.

Vous vous souvenez que Monica m'a dit, la dernière fois que je l'avais vue, qu'elle se rendait prochainement au château de Bellevue, un stand de tir appartenant à son mari, pour organiser des tournages dans le cadre du projet gouvernemental de mise sur le marché du gibier. Monica, vous vous en souviendrez, m'avait proposé de m'emmener avec elle, et j'avais bien eu l'intention de l'accompagner sans la malheureuse persistance de Gerry dans l'affaire de mon passeport.

Je proposai alors à Francis de profiter de l'offre de Monica et de nous diriger vers le château de Bellevue. L'endroit convenait bien à notre projet car il se trouve près de Clèves et dans son voisinage immédiat se trouve le Reichswald , cette grande forêt qui s'étend de l'Allemagne jusqu'en Hollande. Tout au long de mes pérégrinations, j'avais gardé cette forêt au fond de ma tête comme une région qui devait offrir des facilités pour traverser inaperçu la frontière. Or j'appris par Francis qu'il avait passé des mois dans les environs de Clèves, et je ne fus pas surpris de constater, lorsque je lui exposai ce projet, qu'il connaissait assez bien le Reichswald .

« Ce ne sera pas très facile de traverser la forêt », dit-il d'un air dubitatif, « elle est très étroitement surveillée, mais je connais un endroit où nous pourrions nous allonger assez confortablement pendant un jour ou deux en attendant l'occasion de nous rendre. " Un élan. Mais nous n'avons aucune chance terrestre de nous en sortir pour le moment : notre copain au pied bot s'en chargera bien. Et je n'aime pas non plus l'idée d'aller à Bellevue : ce sera horriblement dangereux pour Monica ! "

"Je ne pense pas", dis-je. "L'endroit tout entier sera envahi de monde, d'invités, de domestiques, de batteurs et autres, pour ces tournages. Vous et moi connaissons l'allemand et nous avons l'air assez durs : nous devrions pouvoir obtenir une intervention d'urgence sur les lieux sans être embarrassé. Monica du moins. Je ne crois pas qu'ils rêveront un jour de nous chercher si près de cette frontière. La seule piste possible qu'ils puissent suivre après moi à Berlin mène à Munich. Pied bot va forcément penser que je me dirige vers le Frontière suisse."

Eh bien, en fin de compte, ma suggestion fut retenue, et nous décidâmes de partir pour Bellevue le soir même. Mon frère déclara qu'il ne reviendrait pas au café : avec le manque d'hommes actuel, de telles désertions n'étaient pas rares, et s'il donnait un préavis formel, cela ne pourrait conduire qu'à des explications embarrassantes.

donc retournés en ville dans l'obscurité croissante, avons acheté une carte du Rhin et quelques sacs à dos et avons déposé un petit stock de provisions dans un grand magasin, des biscuits, des chocolats, des saucisses dures et deux petits flacons de rhum. . Puis Francis m'a emmené dans un petit restaurant où il était connu et m'a présenté au sympathique propriétaire, un vieux Rhin très joyeux, qui était son frère tout juste sorti de l'hôpital. J'ai rendu un bon service à mon pays, je pense, en donnant un récit des plus poignants de la terrible efficacité de l'armée britannique sur la Somme !

Puis nous avons dîné et, au cours de notre repas, avons consulté la carte.

« D'après le plan, dis-je, Bellevue devrait être à une cinquantaine de kilomètres d'ici. Mon idée est que nous ne devrions marcher que la nuit et nous coucher le jour, car il est hors de question pour moi d'avoir une chambre sans papiers. Je pense que nous devrions nous éloigner du Rhin, n'est-ce pas ? Sinon, nous passerions par Wesel, qui est une forteresse et, par conséquent, diablement malsaine pour nous deux.

Francis hocha la tête, la bouche pleine.

"Actuellement nous pouvons compter sur environ douze heures d'obscurité, continuai-je, donc, laissant une marge au léger détour que nous ferons, pour nous reposer et pour nous égarer, je pense que nous devrions pouvoir atteindre le château de Bellevue. la troisième nuit à partir de là. Si le temps tient le coup, ce ne sera pas trop mal, mais s'il pleut, ce sera l'enfer ! Maintenant, avez-vous des suggestions ?"

Mon frère a acquiescé, comme il l'avait d'ailleurs fait pour tout ce que je lui avais proposé depuis notre rencontre. Le pauvre garçon, il avait vécu une période difficile : il semblait heureux de se voir un peu ôter la direction des affaires.

Ce soir-là, à sept heures et demie, nos sacs sur le dos, nous nous trouvions à la sortie de la ville, là où la route bifurque vers Crefeld . Dans la poche du pardessus que j'avais dérobé chez Haase, j'ai trouvé un pistolet automatique entièrement chargé (la plupart de nos clients à la cave à bière étaient armés).

"Vous avez le document, Francis," dis-je. "Tu ferais mieux d'avoir ça aussi!" et je lui ai passé le pistolet.

Francis l'écarta d'un geste.

« Gardez-le, » dit-il sombrement, « il pourra vous servir de passeport.

donc remis l'arme dans ma poche.

Une goutte de pluie froide tomba sur mon visage.

"Oh, bon sang !" J'ai pleuré : "il commence à pleuvoir !"

Et c'est ainsi que nous avons commencé notre voyage.

C'était un clochard cauchemardesque. La pluie n'a jamais cessé. Le jour, nous gisions dans une misère glaciale, glacés jusqu'aux os dans nos vêtements trempés, dans un fossé humide ou un sous-bois humide, avec des os endoloris et des ampoules aux pieds, craignant d'être repérés, mais craignant, plus encore, l'arrivée de la nuit et la reprise de notre activité. mars. Pourtant nous nous en tenâmes à notre programme comme des Spartiates, et vers huit heures du troisième soir, boitillant péniblement le long de la route qui va de Clèves à Calcar, nous fûmes récompensés par la vue d'un long bâtiment massif, avec des tourelles aux angles, debout à l'écart de l'autoroute, derrière un grand mur de briques.

« Bellevue ! » Dis-je à Francis en pointant du doigt.

Nous avons quitté la route et escaladé une palissade en bois, nous sommes lancés à travers champs avec l'idée d'entrer dans le parc par l'arrière. Nous passâmes devant quelques bâtiments de ferme noirs et silencieux, passâmes une porte et pénétrâmes dans un enclos, de l'autre côté duquel courait le mur qui entourait la place. Quelque part au-delà du mur, un feu flambait. Nous pouvions voir la lumière bondissante des flammes et la fumée qui s'envolait. Au même moment, nous avons entendu des voix, des voix fortes, qui se disputaient en allemand.

Nous avons traversé le paddock jusqu'au mur, j'ai donné le dos à Francis et il s'est hissé au sommet et a regardé. En un instant, il sauta légèrement, un doigt sur ses lèvres.

« Des soldats autour d'un feu », murmura-t-il. "Il doit y avoir des troupes cantonnées ici. Allez… on va faire un tour plus loin !"

Nous avons couru doucement le long du mur jusqu'à l'endroit où il tournait à droite et l'avons suivi. Bientôt, nous arrivâmes à une petite porte en fer dans le mur. Elle était ouverte.

Nous écoutions. Le son des voix était ici plus faible. On voyait encore le reflet des flammes dans le ciel. Sinon, il n'y avait aucun signe ni bruit de vie humaine.

Le portail donnait sur un jardin ornemental avec le château à l'extrémité. Toutes les fenêtres étaient plongées dans l'obscurité. Nous avons emprunté une allée de jardin menant à la maison. Cela nous a amené devant une porte vitrée. J'ai tourné la poignée et elle a cédé à ma prise.

Je murmurai à Francis :

"Reste où tu es ! Et si tu m'entends crier, vole pour sauver ta vie !"

Car, pensais-je, l'endroit pourrait être plein de troupes. S'il y avait un risque, il vaudrait mieux que je le prenne puisque Francis, avec ses papiers d'identité, avait plus de chances que moi de mettre le document en sécurité.

J'ai ouvert la porte vitrée et me suis retrouvé dans un hall avec une porte sur la droite.

J'ai réécouté. Tout était calme. J'ouvris prudemment la porte et regardai à l'intérieur. Ce faisant, l'endroit fut soudainement inondé de lumière et une voix - une voix que j'avais souvent entendue dans mes rêves - cria impérieusement :

"Reste où tu es et mets tes mains au-dessus de ta tête !"

Pied Bot se tenait là, un pistolet dans sa grande main pointé vers moi.

« Grundt ! » J'ai crié mais je n'ai pas bougé.

Et Pied Bot a ri.

CHAPITRE XVII

FRANCIS REPREND LE NARRATIF

J'ai vu les lumières clignoter dans la pièce. J'entendis Desmond crier : « Grundt ; » Aussitôt, je me jetai à plat ventre dans le parterre de fleurs, de peur que le cri de Desmond n'ait alarmé les soldats à propos de l'incendie. Mais personne n'est venu ; les jardins restaient sombres, humides et silencieux, et je n'entendais aucun bruit venant de la pièce où je savais que mon frère était entre les griffes de cet homme.

Le cri de Desmond m'a rassemblé. Cela semblait me sortir de la léthargie dans laquelle j'avais sombré pendant tous ces mois de danger et de déception. Cela m'a secoué dans la vie. Si je devais le sauver, pas un instant ne devait être perdu. Pied bot agirait rapidement, je le savais. Moi aussi. Mais je dois d'abord découvrir quelle était la situation, ce que signifiait la présence de Pied Bot dans la maison de Monica, de ces soldats dans le parc. Et surtout Monica elle-même était-elle au Château ?

J'avais remarqué un petit estaminet sur la route, une centaine de mètres avant d'arriver au Schloss. Je pourrais au moins y trouver quelque chose. En conséquence, je traversai le jardin à toute allure, escaladai de nouveau le mur et parvins en toute sécurité à la route.

L'estaminet était plein de monde, des paysans à l'air brutal buvant de l'alcool pur, des bouviers, etc. Je me suis levé au bar et j'ai commandé une double caboche de *Korn*, un alcool brut fabriqué dans ces régions à partir de pommes de terre, très puissant mais au moins pur. Un homme en velours côtelé et leggings buvait au bar, un type bluffant, qui entrait volontiers dans la conversation. Une question banale de ma part sur les conditions du jeu lui a valu l'information qu'il était un sous-gardien du château. C'était une période chargée pour eux, m'a-t-il dit, car quatre gros tournages avaient été organisés. La première devait avoir lieu le lendemain. Il y avait beaucoup d'oiseaux et il pensait que les invités de Frau Gräfin devraient être satisfaits.

Je lui ai demandé s'il y avait une grande fête au château. Non, m'a-t-il dit, un seul monsieur, outre l'officier, y était cantonné, mais beaucoup de gens venaient pour le tournage le lendemain, les officiers de Clèves et de Goch , le magistrat en chef de Clèves et un certain nombre d'agriculteurs des environs. à propos de.

"J'espère que vous trouverez les soldats cantonnés au Château utiles comme batteurs", demandai-je avec détermination.

L'homme acquiesça à contrecœur. Les gardes-chasse sont des râleurs de première classe. Mais les soldats n'étaient pas nombreux. De son côté, il pourrait s'en passer complètement. Il y avait de terribles braconniers dans cet endroit, a-t-il déclaré. Mais ce qu'ils feraient pour les batteurs sans eux, il ne le savait pas... ils manquaient cruellement de batteurs... c'était un fait.

"Je reste à Clèves," dis-je, "et je n'ai plus de travail. Je ne suis pas loin de l'hôpital, et ils m'ont libéré de l'armée. Cela ne me dérangerait pas de gagner quelques marks comme batteur. , et j'aimerais voir ce sport. J'avais l'habitude de me tirer un peu dessus sur le Rhin, d'où je viens.

L'homme haussa les épaules et secoua la tête. "Ce ne sont pas mes affaires, rassembler les batteurs", a-t-il répondu. "D'ailleurs, j'aurai le chef des gardes-chasse à mes trousses si je vais amener des étrangers..."

J'ai commandé un autre verre pour nous deux et j'ai conquis l'homme sans trop de difficulté. Il a mis dans sa poche mon billet de cinq marks et a annoncé qu'il s'en chargerait... La Frau Gräfin devait voir des hommes qui avaient offert leurs services comme batteurs après le dîner au château ce soir-là. Il m'emmènerait avec lui.

Une demi-heure plus tard, je me trouvais, faisant partie d'un groupe de rustiques hirsutes et débraillés, dans une grande cour en pierre devant l'entrée principale du château. Le chef des gardes-chasse nous a attirés de l'œil et, nous invitant à le suivre, nous a conduits sous une porte voûtée, à travers une porte massive, dans un petit hall qui avait apparemment été construit dans la grande salle du château, car il s'ouvrait directement sur celle-ci.

Nous nous trouvâmes dans une splendide vieille salle féodale, bordée et couverte de chêne, avec des rangées de bannières poussiéreuses à peine visibles dans le crépuscule régnant dans la partie supérieure de la vaste place. La génération moderne s'était abstenue de profaner la belle vieille pièce avec de l'éclairage électrique, et de massifs chandeliers d'argent jetaient une lumière douce sur la table dressée au fond de la salle, où le dîner, apparemment, venait de se terminer.

Trois personnes étaient assises à table, une femme en tête, que, avant même d'avoir compris les détails que je viens d'exposer, je savais que c'était Monica, même si elle me tournait le dos. D'un côté de la table se trouvait un homme grand et lourd que je reconnus comme Pied Bot, de l'autre un jeune garçon pâle en uniforme d'officier et qui ne possédait qu'un seul bras... Schmalz, sans doute.

Une servante dit quelque chose à Monica qui, demandant d'un geste la permission à ses compagnes, quitta la table et traversa le couloir. À ma grande surprise, elle était vêtue du noir le plus profond avec des poignets en lin. Son visage était pâle et figé, et il y avait dans ses yeux une expression de peur et de souffrance qui me serrait le cœur.

Je m'étais traîné jusqu'à la dernière place de la rangée dans laquelle le chef des gardiens nous avait rangés. Monica a dit un mot ou deux à chacun des hommes, qui sont partis à tour de rôle avec de basses hommages . Dès qu'elle s'est arrêtée devant moi, j'ai su qu'elle m'avait reconnu - je l'ai plutôt senti, car elle n'a fait aucun signe - même si le temps que j'avais passé en Allemagne avait altéré mon apparence, j'ose dire, et j'avais dû avoir l'air assez dur avec moi. ma barbe de trois jours et mes vêtements boueux.

"Ah!" dit-elle avec toute sa langueur *de grande dame* , "vous êtes l'homme dont parlait Heinrich. Vous venez de sortir de l'hôpital, je crois ?"

"Pardon de Mme Gräfin ", marmonnai-je dans l'épais patois du Rhin que j'avais appris à Bonn, "j'ai servi avec le Herr Graf en Galice, et j'ai pensé que peut-être Mme Gräfin ..."

Elle m'a arrêté d'un geste.

« Monsieur le Docteur ! » » cria-t-elle à table.

Par jupiter! cette fille avait du courage : son courage était splendide.

Pied Bot est arrivé en titubant, tout sourire après son repas et fumant un long cigare qui sentait délicieux.

« Frau Gräfin ? » » a-t-il demandé en me regardant.

"C'est un homme qui a servi sous les ordres de mon mari en Galice. Il est malade et sans travail, et souhaite que je l'aide. Je souhaiterais donc le voir dans mon salon, si vous me le permettez. .."

"Mais, Madame Gräfin , certainement. Ce n'était sûrement pas nécessaire..."

« Johann ! » Monica a appelé le domestique que j'avais vu auparavant : "emmène cet homme dans le salon !"

Le domestique nous conduisit à travers le couloir jusqu'à une bibliothèque confortablement meublée, dotée d'un joli bureau et de jolis rideaux de chintz. Monica le suivit et s'assit au bureau.

"Maintenant, dis-moi ce que tu veux dire..." commença-t-elle en allemand alors que le domestique quittait la pièce, mais presque aussitôt qu'il fut parti , elle se leva et me serra les mains.

"Francis!" murmura-t-elle en anglais dans un grand sanglot, "oh, Francis ! qu'est-ce qu'ils t'ont fait pour te faire ressembler à ça ?"

Je lui ai serré le poignet fermement.

"Frau Gräfin ", dis-je en allemand, toujours dans ce patois hideux, "vous devez être calme." Et je lui ai murmuré en anglais à l'oreille :

"Monica, sois courageuse ! Et parle allemand quoi que tu fasses."

Elle reprit aussitôt son sang-froid.

"Je comprends", répondit-elle en se rasseyant à son bureau ; "c'est plus prudent."

Et le reste du temps, nous parlions en allemand.

« Desmond ? » J'ai demandé.

"Enfermé dans la chambre de Grundt ", répondit-elle. "Je les ai rencontrés en le poussant dans le couloir, c'était horrible ! Grundt ne le quitte pas des yeux. Oh, c'était de la folie d'être venu. Si seulement j'avais pu vous prévenir !"

"Que fait Grundt ici ?" J'ai demandé. "Et ces soldats et cet officier ?"

"Ma chérie," répondit-elle, et ses yeux brillèrent de malice dans un soudain changement d'humeur, "Je suis en arrestation préventive !"

"Mais, Monica..."

"Écoutez ! Gerry et son serviteur espion ont créé des ennuis. Quand Des est parti ce soir-là et n'est pas revenu, Gerry a insisté pour que nous avertissions la police. Il a fait une scène horrible, puis le voiturier est intervenu, et d'après ce qu'il a dit, je savais qu'il voulait faire du mal. Je n'ai pas osé confier la vérité à Gerry, alors je l'ai laissé envoyer une note à la police. Ils sont venus et ont posé beaucoup de questions et sont repartis, alors j'ai pensé que nous J'en avais fini avec ça et je suis venu ici. Gerry n'a pas voulu venir. Il est parti à Baden-Baden pour un nouveau remède.

"Il y a environ une semaine, le premier magistrat de Clèves, qui est un de nos vieux amis, est venu en voiture et, après de longues discussions, a laissé échapper que je devais me considérer en état d'arrestation, et qu'un officier et un détachement d'hommes de Goch venait garder la maison. Le magistrat m'aurait dit tout ce que je voulais savoir, mais il ne savait rien : il a simplement exécuté ses ordres. Puis le lieutenant et ses hommes sont arrivés, et depuis lors je suis un J'avais terriblement peur pour Des jusqu'à ce que Grundt arrive soudainement, il y a deux nuits, et j'ai tout de suite vu à son visage que Des était toujours en liberté. Mais, Francis, cet homme au pied bot est venu ici pour attraper Des. .. et il est simplement tombé dans le piège.

« Et Desmond ? J'ai demandé. "Qu'est-ce que Pied Club va faire de lui ?"

"Il est resté avec Des pendant environ une heure dans sa chambre et je l'ai entendu dire à Schmalz qu'il 'réessayerait' après le dîner. Oh, Francis, j'ai peur de cet homme... il ne m'a pas dit un mot à ce sujet. Je connais Desmond

- pas un mot sur le fait que j'héberge Des à Berlin... mais il sait tout et il me surveille tout le temps.

J'ai jeté un coup d'œil par la porte ouverte du couloir. Les bougies brûlaient encore sur la table du dîner, où Botfoot et l'officier conversaient à voix basse.

"Je suis ici depuis assez longtemps", dis-je. "Mais avant de partir, je veux que tu répondes à une ou deux questions, Monica. Veux-tu ?"

"Oui, Francis," dit-elle en levant les yeux vers les miens.

« À quelle heure est le tournage demain ?

"À dix heures."

"Est-ce que Grundt et Schmalz y vont ?"

"Oui."

"Toi aussi?"

"Oui."

"Pourriez-vous rentrer à la maison avant 12h30 ?"

"Pas seul. L'un d'eux est toujours avec moi dehors."

« Pourriez-vous me rencontrer seul n'importe où dehors à ce moment-là ?

"Il y a une carrière à l'extérieur d'un village appelé Quellenburg ... elle se trouve à la limite de nos réserves... juste à côté de la route. Nous devrions être aussi loin à midi. Si cela est nécessaire, j'essaierai de donner " "

"Bien. Cela fera parfaitement l'affaire. Nous allons arranger les choses ainsi. Maintenant, une autre question... combien de soldats avez-vous ici ?"

"Seize."

"Est-ce qu'ils vont tous se battre ?"

"Oh non ! Il n'y en a que dix. Les six autres et le sergent restent sur place."

« Avez-vous une voiture ici ? »

"Non, mais Grundt en a un."

— Combien y aura-t-il de domestiques dans la maison demain ?

"Seulement Johann, le majordome et les servantes... une cuisinière et deux filles."

"Peux-tu faire en sorte que Johann sorte de la maison entre 10h et 12h30 demain matin ?"

"Oui, je peux l'envoyer à Clèves avec un mot."

"Les servantes aussi ?"

"Oui, les servantes aussi."

"Bien. Maintenant, vas-tu faire une chose de plus, la plus difficile de toutes ? Je veux que tu envoies un message à Desmond. Pouvez-vous arranger ça ?"

"Dites-moi quel est votre message et je pourrai peut-être vous répondre."

"Je veux que vous lui disiez qu'il doit à tout prix s'arranger pour empêcher Grundt d'aller à ce tournage demain... au moins entre dix et midi. Il faut qu'il s'arrange pour laisser croire à Grundt qu'il va lui dire où Grundt peut trouver ce qu'il cherche... mais il doit le garder en haleine pendant ces heures.

"Et après?"

"Il n'y aura pas d'après", dis-je.

"Je veillerai à ce que Des reçoive votre message", répondit Monica, "car je le prendrai moi-même."

"Non, Monica," dis-je, "je ne veux pas..."

"Francis",... elle parla presque à voix basse... "ma vie dans ce pays est terminée", ... et elle toucha les mauvaises herbes de sa veuve... "Karl a été tué à Predeal il y a trois semaines.. .. Tu sais aussi bien que moi que je suis impliqué dans cette affaire autant que toi et Des... et je partagerai le risque si seulement tu m'emmènes avec toi... c'est-à-dire si tu... " Elle a hésité.

J'entendais les chaises racler dans le coin de la salle où se terminait le dîner.

"La Frau Gräfin n'a qu'à commander", dis-je. "La Frau Gräfin sait que j'attends depuis des années..."

Pied Bot se dirigeait vers la porte ouverte.

"... Je ne m'attendais pas à trouver Mme Gräfin si aimable.... Je n'avais jamais espéré que Mme Gräfin serait prête à faire autant pour moi... Mme Gräfin m'a rendu très heureuse."

Pied Bot se tenait sur le seuil et écoutait mon discours hésitant.

"Tu pourras apporter tes affaires quand tu viendras demain..." dit Monica. "Le gardien vous dira à quelle heure vous devez être ici."

Puis elle m'a congédié, mais en partant, je l'ai entendu dire :

"Herr Doktor ! Puis-je vous parler ?"

CHAPITRE XVIII

Je continue l'histoire

J'étais dans la salle de billard du Château, un endroit poussiéreux, visiblement peu fréquenté, car il sentait l'humidité. Cependant, un feu brûlait dans la cheminée, et sur une table dans un coin, jonché de papiers, se trouvait une boîte d'expédition.

Pied Bot portait un smoking et, tandis qu'il riait, le devant de sa chemise blanche se soulevait au rythme des secousses de sa poitrine profonde. Pendant un moment, cependant, je n'ai guère pensé à lui ni au laid Browning qu'il tenait dans son poing. Mes oreilles étaient tendues à l'écoute de tout bruit qui pourrait trahir la présence de Francis dans le jardin. Mais tout restait silencieux comme une tombe.

Pied bot, toujours en riant de manière audible, s'est approché de moi. Je pensais qu'il allait me tirer dessus, il est venu si droit et si vite, mais c'était seulement pour se placer derrière moi et fermer la porte, m'entraînant ainsi plus loin dans la pièce.

La porte par laquelle il était entré était ouverte. Sans me quitter des yeux ni détourner son arme de sa visée, il cria :

« Schmalz ! »

Un pas léger retentit et le lieutenant manchot entra dans la pièce en trébuchant. Quand il m'a vu, il s'est arrêté net. Puis il se mit doucement à tourner autour de moi d'un pas haché, en se murmurant : « Alors ! Alors !

"Bonsoir, Dr Semlin !" dit-il en anglais. "Dis, je suis très heureux de te voir ! Eh bien, Okewood , cher vieux garçon, nous revoilà. Quoi ? Herr Julius Zimmermann..." et il s'interrompit en allemand, " *es frut mich !* "

J'aurais pu le tuer là où il se trouvait, même s'il était mutilé, rien que pour sa maîtrise de l'idiome américain et anglais.

« Cherchez-le, Schmalz ! » ordonna sèchement Pied Bot.

Schmalz passa les doigts de son bras sur mes poches, jetant mon portefeuille sur la table de billard vers Clubfoot, et les autres articles au fur et à mesure qu'ils apparaissaient... mon pistolet, ma montre, mon étui à cigarettes et ainsi de suite... à un salon en cuir contre le mur. Dans sa recherche, il m'a effleuré avec son moignon coupé... pouah, c'était horrible !

Pied Club s'était emparé du portefeuille et l'avait examiné en toute hâte. Il en secoua le contenu sur la table de billard et l'examina attentivement.

"Pas ici!" il a dit. « Faites-le monter à l'étage et nous le déshabillerons »,
ordonna-t-il ; "et que notre jeune ami intelligent n'oublie pas que je suis
derrière lui avec mon petit jouet !"

Schmalz m'a saisi par le col, enfonçant méchamment ses jointures dans
mon cou, et m'a propulsé hors de la pièce... presque dans les bras de Monica.

Elle a crié et, se retournant, s'est enfuie dans le couloir. Pied Bot rit
bruyamment, mais je réfléchis tristement que dans ma triste situation
actuelle, non lavé et mal rasé, dans des vêtements sales, traîné comme un
vulgaire pickpocket, même ma propre mère ne m'aurait pas reconnu.

Il y a eu une scène dégradante dans la chambre où ils m'ont traîné, où les
deux hommes m'ont déshabillé jusqu'à la peau et ont foulé tous les vêtements
que je possédais. Physiquement et mentalement, je me recroquevillais dans
ma nudité devant le regard malsain de ces deux sinistres infirmes. De toutes
mes expériences en Allemagne, je considère encore cela comme ma pire
épreuve.

Bien sûr, ils n'ont rien trouvé, malgré leurs recherches, et ils m'ont
immédiatement jeté mes vêtements et m'ont demandé de me rhabiller, "car
vous et moi, jeune homme", dit Pied Club avec son sourire étincelant, "nous
devons discutons un peu ensemble!"

Quand j'étais de nouveau habillé...

"Tu peux nous quitter, Schmalz !" ordonna Clubfoot, "et envoie le sergent
quand je sonnerai : il s'occupera de cet Anglais rusé pendant que nous dînons
avec notre charmante hôtesse."

Schmalz est sorti et nous a laissé tranquilles. Pied Bot alluma un cigare. Il
fuma en silence pendant quelques minutes. Je n'ai rien dit, car en réalité je
n'avais rien à dire. Ils n'avaient pas récupéré leur précieux document, et il
était peu probable qu'ils puissent un jour le récupérer maintenant. Je craignais
beaucoup que Francis, dans sa loyauté, ne tente de me sauver, mais j'espérais
que, quoi qu'il fasse, il penserait d'abord à mettre le document en lieu sûr.
J'étais plus ou moins résigné à mon sort. J'étais désormais entre leurs mains,
et qu'ils aient obtenu le document ou non, ma perte était scellée.

"Je vous ferai le compliment de dire, mon cher capitaine Okewood ,"
remarqua Clubfoot de sa voix urbaine qui me glaçait toujours le sang, "que
jamais auparavant dans ma carrière je n'avais consacré autant de pensée à un
seul individu, dans les différents cas que j'ai traités, comme pour vous. En
tant qu'individu, vous êtes une chose dérisoire : c'est plutôt votre
remarquable chance qui m'intéresse en tant que philosophe en quelque
sorte.... Je vous assure que cela me fera souci sérieux d'être l'instrument
permettant de couper votre chance vraiment extraordinaire. Cela ne me

dérange pas de vous dire, d'homme à homme, que je n'ai pas encore entièrement décidé dans mon esprit quoi faire de vous maintenant que j'ai toi!"

J'ai haussé les épaules.

"Vous m'avez, certainement", répondis-je, "mais vous préféreriez de loin avoir ce que je n'ai pas."

" N'oublions pas de toujours nous contenter de petites miséricordes, " répondit l'autre en souriant avec l'éclat de ses dents dorées, " c'est une de mes maximes préférées . Comme vous le remarquez bien, je préférerais certainement la . ... du joyau au cercueil infiniment moins précieux et... intéressant.... Mais ce que j'ai, je le tiens. Et je t'ai... et ton complice aussi."

"Je n'ai aucun complice", ai-je catégoriquement nié.

" Vous oubliez sûrement notre gracieuse hôtesse, notre très charmante comtesse ? N'est-ce pas grâce à l'intérêt qu'elle a daigné prendre à votre sécurité que je suis venu ici ? Sans cette circonstance, je n'aurais guère osé m'immiscer dans son veuvage. ...."

« Son veuvage ? M'écriai-je.

Pied bot sourit à nouveau.

"Vous ne pouvez pas avoir suivi les journaux dans votre... retraite, mon cher capitaine Okewood ," répondit-il, "sinon vous auriez lu la nouvelle affligeante selon laquelle le comte Rachwitz , aide de camp du feld-maréchal von Mackensen , a été tué par un obus. qui est tombé dans le quartier général de brigade où il déjeunait à Predeal. Ah, oui, soupira-t-il, notre belle comtesse est maintenant veuve, seule... » il s'arrêta, puis ajouta : « ... et sans protection ! "

J'ai compris son allusion et je suis devenu froid de peur. Eh bien, Monica était impliquée dans cette affaire autant que moi. Ils n'oseraient sûrement pas la toucher...

Pied bot se pencha en avant et me tapota le genou.

"Vous serez raisonnable, Okewood ", a-t-il déclaré confidentiellement. "Vous avez perdu. Vous ne pouvez pas vous sauver. Votre vie a été perdue à partir du moment où vous avez franchi le seuil des appartements privés de Sa Majesté... mais vous pouvez *la sauver* ."

J'ai retiré son énorme main de ma jambe.

"Vous ne me blufferez pas," répondis-je brutalement. "Vous n'osez pas toucher à la comtesse Rachwitz , une dame américaine, nièce d'un ambassadeur américain, mariée à l'une de vos principales familles... non, Herr Doktor , vous devez essayer autre chose."

"Savez-vous pourquoi Schmalz est ici ?" " demanda-t-il patiemment, " et ces militaires ?... Vous avez dû passer le cordon pour venir ici. Votre petite amie est en détention préventive. Elle serait en prison (elle ne le sait pas), mais que Sa Majesté était peu disposé à faire cet affront à la famille Rachwitz dans sa grande affliction.

"La Comtesse Rachwitz n'a rien à voir avec moi,"... plutôt un mensonge insensé, me suis-je dit trop tard, alors que j'étais chez elle.

Mais Pied Club restait tout à fait imperturbable.

« Je vais vous confier, mon cher monsieur, dit-il, pour vous montrer que je sais que vous dites un mensonge. La comtesse , au contraire, est, pour employer une expression vulgaire, dans ce qu'elle dit jusqu'au bout. Grâce à l'incroyable imbécillité de la police berlinoise, je n'ai pas été informé de votre bref séjour dans la Bendler -Strasse, même après avoir été appelé par le gentleman américain invalide au sujet de votre fuite précipitée lorsqu'on lui a demandé votre passeport. Mais nous sommes systématiques, nous Allemands, nous sommes minutieux, et je me suis mis à parcourir tous les endroits possibles qui pouvaient vous offrir un abri.

"Au cours de mes investigations, je suis tombé sur notre ami commun, Herr Kore. La lecture de ses registres très professionnels m'a montré que le lendemain de votre disparition de l'Esplanade, il avait reçu 3 600 marks d'un certain E. 2 . ".. tous les noms dans ses livres étaient chiffrés. Sous l'influence de ma personnalité séduisante, Herr Kore m'a dit tout ce qu'il savait; j'ai poursuivi mes investigations et j'ai découvert alors ce que la stupide police avait omis de me dire, à savoir qu'à la date en question, un prétendu Américain s'était enfui précipitamment de l' appartement de la comtesse Rachwitz, dans la Bendler -Strasse. Un homme admirable... Max ou Otto, ou un nom comme ça... en tout cas, il était valet de chambre du frère invalide de Madame, était " J'ai pu combler toutes les lacunes, et j'ai pu ainsi dresser un dossier très solide contre votre hôtesse bien intentionnée mais singulièrement mal avisée. À ce moment-là, la dame avait quitté Berlin pour ce charmant siège du vieux monde, et je a rapidement pris des mesures pour la placer en arrestation préventive pendant que je *vous retrouvais* .

" Vous vous êtes encore enfui. Même Jupiter hoche la tête, vous savez, mon cher capitaine Okewood , et j'avoue franchement que j'ai négligé l'insigne d'argent que vous aviez en votre possession. Je dois également vous féliciter pour votre habileté à nous laisser cette fausse piste vers Munich. Cela m'a pris au point que j'ai dépêché un émissaire pour vous traquer dans cette délicieuse capitale, mais, pour ma part, j'ai un certain *flair* en la matière, et je pensais que vous viendrez tôt ou tard à Bellevue. admettre que j'ai fait preuve d'une certaine perspicacité ?

"Vous perdez du temps avec toutes ces discussions," dis-je d'un ton maussade.

Pied Bot leva la main d'un air dépréciatif.

"Je suis fier de mon travail", a-t-il observé avec une demi-excuse. Puis il ajouta :

" Vous ne devez pas oublier que votre jolie comtesse n'est pas américaine. Elle est allemande. Elle est également veuve. Vous ne connaissez peut-être pas les relations qui existaient entre elle et son défunt mari, mais elles n'étaient pas, je vous l'assure, de une telle chaleur que la famille Rachwitz pleurerait indûment sa perte. Pensez-vous que nous nous soucions de tous les ambassadeurs américains qui ont jamais quitté les États-Unis ? Mon cher monsieur, j'observe que vous ignorez encore lamentablement la révolution que la guerre apporte dans le monde international. " En temps de guerre, quand l'intérêt national est en jeu, l'individu n'est rien. S'il doit être expulsé, pouf ! vous étouffez le coupable. Après, vous pouvez toujours payer ou vous excuser, ou faire ce qu'il faut. "

J'écoutais en silence ; Je n'avais aucune défense à proposer face à cette logique mortifère, celle de l'homme plus fort.

Pied Club sortit un papier de sa poche.

« Lisez ça ! » dit-il en me le lançant. "C'est la convocation de la comtesse Rachwitz doit comparaître devant une cour martiale. Date vide, voyez-vous. Vous n'avez pas besoin de le déchirer... J'ai plusieurs formulaires vierges de rechange... un pour vous aussi !"

J'ai senti mon courage refluer et mon cœur se transformer en eau. Je lui ai rendu son papier en silence. Le grondement d'un gong de dîner s'enfla soudain dans le silence de la pièce. Pied Bot se leva et sonna la cloche.

"Voici mon offre, Okewood !" il a dit. "Vous me restituerez cette lettre dans son intégrité, et la comtesse Rachwitz sera libre à condition qu'elle quitte ce pays et n'y revienne pas. C'est mon dernier mot ! Prenez la nuit pour dormir dessus ! Je viendrai chercher ma réponse demain matin."

Un sergent en gris militaire, armé d'un fusil et d'une baïonnette au canon, se tenait sur le seuil de la porte.

"Je vous rends responsable de cet homme, sergent", dit Pied Club, "jusqu'à mon retour dans environ une heure. De la nourriture lui sera envoyée et vous vous assurerez personnellement qu'aucun message ne lui sera transmis par cela ou par tout autre. moyens."

Je m'étais lavé, j'avais brossé mes vêtements, j'avais dîné et je m'étais assis en silence près de la table, dans le plus grand abattement d'esprit, je pense, dans lequel il est possible à un homme de tomber. J'ai été tellement écrasé par la déception de la soirée que je ne pense pas avoir beaucoup réfléchi à mon propre sort. Mais mes pensées étaient occupées avec Monica. Ma vie m'appartenait et je savais que j'avais un privilège sur celle de mon frère si nous pouvions ainsi mener à bien notre mission. Mais avais-je le droit de sacrifier Monica ?

Et puis l'inattendu s'est produit. La porte s'ouvrit et elle entra, Schmalz derrière elle. Il renvoya le sergent avec un mot d'avertissement pour s'assurer que les sentinelles autour de la maison étaient vigilantes, et suivit l'homme dehors, nous laissant seuls, Monica et moi.

La jeune fille arrêta d'un joli geste le torrent d'auto-reproches qui montait à mes lèvres. Elle était pâle, mais elle tenait la tête toujours aussi haute.

"Schmalz m'a donné cinq minutes seule avec toi, Des", dit-elle, "pour te supplier de me sauver la vie, afin que tu puisses trahir ta confiance. Non, ne parle pas... il n'y a pas de temps à perdre en mots. ... J'ai un message pour vous de Francis... Oui, je l'ai vu ici, ce soir même... Il dit que vous devez à tout prix empêcher Grundt d'aller au tournage à dix heures pour - demain, et le retenir avec vous de dix heures à midi. C'est tout ce que j'en sais... Mais Francis a prévu quelque chose, et vous et moi devons lui faire confiance. Maintenant, écoutez... Je vais le dire. Pied Bot Je vous ai supplié et que vous montrez des signes d'affaiblissement. Ne dites rien ce soir, temporisez avec lui quand il viendra demander sa réponse le matin, puis faites-le chercher à dix heures moins le quart, quand il quittera la maison. maison avec les autres. Le reste, je te le laisse. Bonne nuit, Des, et remonte le moral!"...

"Mais, Monica," criai-je, "et toi ?"

Elle rougit délicieusement sous sa pâleur.

"Des," répondit-elle joyeusement, "nous sommes alliés maintenant, nous trois. Si tout va bien, je viens avec toi et Francis !"

Sur ce, elle était partie. Quelques minutes plus tard, deux soldats sont arrivés avec Schmalz et m'ont emmené en bas dans une cave sombre au sous-sol, où j'ai été enfermé pour la nuit.

Je rêvais de la façade... je reniflais encore une fois les vieilles odeurs familières, l'odeur de la terre fraîche, l' odeur fétide de la mort ; encore une fois , j'entendis à l'extérieur de la tranchée le faible bruit des outils, les murmures sourds de notre équipe de câblage ; une fois de plus, j'ai vu les lumières s'élever vers le ciel et révéler la désolation du champ de bataille dans leur éclat. Quelqu'un me secouait par l'épaule. C'était mon domestique venu me réveiller... J'ai dû m'endormir. Était-ce si tôt ? Je me suis assis, je me suis frotté les yeux et je me suis réveillé avec l'angoisse d'un autre jour.

Le sergent se tenait devant la porte de la cave, encadré par la vive lumière du matin.

« Vous devez monter ! » il a dit.

Il m'a emmené dans la salle de billard, où Botfoot, élégant, lavé et rasé, était assis à la table à écrire au soleil, ouvrant des lettres et sirotant un café. Une horloge fixée sur un support au-dessus de sa tête indiquait huit heures.

— Vous désirez me parler, je crois, dit-il négligemment en parcourant une lettre à la main.

"Vous devez me donner un peu plus de temps, Herr Doktor ", dis-je. "J'étais épuisé hier soir et je n'arrivais pas à voir les choses sous leur vrai jour. Si vous pouviez m'accorder quelques heures de plus..."

J'ai mis une touche de supplication dans ma voix, ce qui l'a immédiatement frappé.

"Je ne suis pas déraisonnable, mon cher capitaine Okewood ," répondit-il, "mais vous comprendrez qu'il ne faut pas prendre à la légère, je vous préviens donc. Je vous donnerai jusqu'à..."

"Il est huit heures maintenant", l'interrompis-je. "Je te dis quoi, donne-moi jusqu'à dix heures. Est-ce que ça suffira ?"

Pied bot acquiesça.

"Emmenez cet homme à l'étage dans ma chambre", ordonna-t-il au sergent. « Reste avec lui pendant qu'il prend son petit-déjeuner et ramène-le ici à dix heures. Et dis à Schmidt de laisser ma voiture à la porte : il n'a pas besoin d'attendre, car il est à battre : je me conduirai jusqu'à la porte. tirer."

Je ne me souviens pas vraiment de ce qui s'est passé après ça. J'ai avalé un petit déjeuner, mais je n'avais aucune idée de ce que je mangeais, et le sergent, qui était un modèle de discipline prussienne, a refusé avec un froncement de sourcils maussade d'entrer en conversation avec moi. Mon moral était au plus bas : quand je repense à cette matinée , je pense que j'étais assez proche du point de rupture.

Alors que j'étais assis et que j'attendais, j'ai entendu la maison dans une tourmente de préparation pour le tournage. Il y avait un bruit de voix, de lourdes bottes dans le hall, de roues et de chevaux dans la cour au dehors.

Puis les bruits se sont calmés et tout était calme. Peu de temps après, l'horloge indiquait dix heures, le sergent me reconduisit en bas jusqu'à la salle de billard.

Grundt était toujours assis là. Une chaude vague de colère me fit monter le sang aux joues alors que je le regardais, gros et doux et si triomphant de sa victoire. Sa vue, cependant, m'a donné le tonique dont j'avais besoin. J'avais les nerfs à rude épreuve, mais j'étais déterminé à répondre à cette dernière tension, à jouer avec ce poisson grossier pendant deux heures. Après ça... si rien ne se passait...

Clubfoot renvoya le sergent.

"Je peux m'occuper de lui moi-même maintenant", dit-il d'un ton enjoué qui trahissait sa conviction de réussite. Alors le sergent salua et quitta la pièce, ses pas résonnant dans les couloirs comme les pieds de plomb du Destin, implacables, inexorables.

CHAPITRE XIX

NOUS AVONS UN RÈGLEMENT AVEC LE PIED CLUB

J'ai regardé Botfoot.

Je dois le jouer avec prudence, avec méthode aussi.

Ce n'est qu'en agissant selon le système le plus précis que je pourrais espérer le retenir dans cette pièce pendant deux heures. J'avais quatre points à discuter avec lui et je consacrerais une demi-heure à chacun d'eux près de l'horloge fixée au-dessus de sa tête. Si seulement je pouvais le garder confiant dans sa victoire, j'espèrerais peut-être l'empêcher de découvrir que je joue avec lui... mais deux heures, c'est long... ce serait proche.

Un point en ma faveur ... mon comportement lui a donné dès le départ l'assurance du succès. Il n'y avait rien de contrefait dans mon ton d'humilité, car en vérité j'étais au bord du désespoir. Je faisais ce dernier effort à la demande de mon frère, mais je sentais que c'était un espoir désespéré : au fond de mon cœur, je savais que j'étais déprimé.

Alors je suis allé droit au but et j'ai dit à Pied Bot que j'étais battu, qu'il devait avoir son papier. Mais des difficultés ont surgi quant à l'exécution des deux côtés du marché. Nous nous étions trompés. Quelles garanties mutuelles pourrions-nous échanger pour donner à chacun l'assurance du fair-play ?

Le pied bot a réglé ce point de manière caractéristique. Il protesta minutieusement de sa bonne foi, mais l'essentiel de ses propos était qu'il détenait les cartes et que, par conséquent, c'était à lui qu'il fallait faire confiance, tandis que je fournissais la garantie.

Pendant que nous discutions de ce point, l'horloge sonna la demi-heure.

J'ai changé la conversation sur Monica. Je n'étais pas du tout préoccupé par moi-même, dis-je, mais je dois être sûr dans mon esprit qu'aucun mal ne devrait lui arriver. A cela Pied Bot répondit que je pouvais me rassurer : dès que le document serait entre ses mains, il donnerait l'ordre de la libérer : je serais là et pourrais le faire moi-même.

Quelle garantie y avait-il, ai-je demandé, qu'elle ne serait pas arrêtée avant d'avoir atteint la frontière ?

Le pied bot devenait un peu agité. L'œil rivé sur l'horloge, mais d'une voix placide, il protesta de nouveau que sa parole était la seule garantie qu'il pouvait offrir.

Nous en avons également discuté. Mes manières étaient sérieuses et nerveuses, je le sais, et je pense qu'il aimait jouer avec moi. Je lui ai dit franchement que sa réputation démentait ses protestations de bonne foi. Il rit et reconnut cyniquement que c'était fort possible.

"Néanmoins, c'est moi qui donne la garantie", dit-il sur un ton qui ne tolère aucune contradiction.

L'horloge sonna onze heures.

Il reste une heure !

"Viens, Okewood ", a-t-il ajouté avec bonhomie, "nous perdons du temps. Jusqu'à présent, tu as fait tout le sport, tu sais. Tu ne voudrais pas que je rate le premier jour de tir que j'ai eu cette année. Où as-tu reçu notre lettre ? »

C'était un homme extraordinaire. À l'entendre s'adresser à moi, on n'aurait jamais cru qu'il m'envoyait à la mort. Il semblait avoir oublié ce détail. Cela signifiait si peu pour lui qu'il l'avait probablement fait.

Je suis passé à mon troisième point. Il m'a rendu les choses très difficiles, dis-je, mais j'étais vaincu et je devais céder. Le problème était que le document était toujours divisé en deux parties et qu'aucune des deux n'était là.

"Vous indiquez où les moitiés sont cachées", dit aussitôt Botfoot. "Je t'accompagnerai jusqu'aux cachettes et tu me les remettras."

"Mais ils ne sont pas près d'ici", répondis-je.

"Alors où sont-ils ?" répondit Pied Bot avec impatience. "Viens, j'attends et il se fait tard !"

"Il faudra plusieurs jours pour récupérer les deux portions", marmonnai-je à contrecœur.

" Cela n'a pas d'importance ", rétorqua l'autre ; "Il n'y a rien de particulièrement pressé... maintenant !"

Et il sourit sinistrement.

Je n'osais pas lever les yeux vers l'horloge, car je sentais sur moi le regard de l'Allemand. Un instinct intuitif me disait que ses soupçons avaient été éveillés par ma réticence. J'étais presque au bout de mes ressources.

L'horloge ne sonnerait-elle jamais ?

" Je vous le dis franchement, Herr Doktor , " dis-je d'une voix qui tremblait d'anxiété, " je ne peux pas laisser la comtesse sans protection pendant que nous voyageons ensemble vers les cachettes du document. Je ne suis sûr de sa sécurité que lorsqu'elle est proche de moi...."

Pied Bot a haussé les sourcils vers moi.

« Que proposez-vous alors ? » dit-il très sévèrement.

"Tu vas récupérer les deux moitiés aux endroits que je t'indique, balbutiai-je, et... et..."

Un léger vrombissement et le carillon argenté retentirent deux fois.

Encore une demi-heure !

Comme la maison était calme ! J'entendais le tic-tac de l'horloge – non, ce battement devait être mon cœur. Mon esprit m'a fait défaut, mon esprit était devenu vide, ma gorge était sèche de peur.

" J'ai perdu une heure et demie avec vous, jeune homme, " dit soudain Pied Bot, " et il est temps que cette conversation prenne fin. Je vous préviens encore une fois qu'il ne faut pas prendre à la légère. La situation est parfaitement clair : c'est à vous de décider si la comtesse Rachwitz est libéré ou est traduit en cour martiale cet après-midi à Clèves et fusillé ce soir. Votre suggestion est absurde. Je serai raisonnable avec toi. Nous resterons tous les deux ici. Je télégraphierai pour qu'on aille chercher les deux parties de la lettre aux endroits que vous m'indiquerez, et aussitôt que j'aurai la lettre entière entre mes mains, la comtesse sera conduite à la frontière. Je vais permettre à son majordome de l'accompagner et il pourra revenir et vous assurer qu'elle est en sécurité.

Il tendit la main et tira vers lui un bloc de formulaires télégraphiques.

"Où trouverons-nous les deux moitiés ?" il a dit.

"L'un est en Hollande", murmurai-je.

Il leva rapidement les yeux.

"Si vous osez me tromper..."

Il s'est arrêté en voyant mon visage.

La pièce tournait avec moi. Mes mains étaient froides comme de la glace. Je luttais pour me maîtriser, mais je sentais mon corps osciller.

"Ah!" s'écria Pied Bot d'un air songeur, ce serait la moitié de Semlin ... J'aurais pu le savoir... Eh bien, peu importe, Schmalz peut prendre ma voiture et la chercher. Il peut revenir demain. Où doit-il aller ?"

"L'autre moitié est à Berlin", dis-je désespérément. Ma voix me faisait penser à une troisième personne qui parlait.

"C'est plus simple", répondit Clubfoot. "Dix heures moins dix maintenant... si je télégraphie tout de suite, cette moitié devrait être là à minuit... Je vais faire passer le message immédiatement..."

Il m'a regardé, un crayon à la main.

C'était la fin. J'avais gardé foi en François jusqu'à la limite de mes forces, mais maintenant ma résistance était brisée. Il m'avait laissé tomber... pas moi, mais plutôt Monica... Je ne pouvais pas la sauver maintenant. Comme dans un film de cauchemar, les heures chargées de ces dernières semaines défilaient sous mes yeux, un cortège de personnages se bousculant : Semlin avec ses lèvres bleues et son visage livide, Schratt avec ses mains ornées de bijoux , le Juif Kore, Haase avec sa tête de balle, Francis , songeant tristement sur la véranda du café... et Monica, toute en blanc, telle que je l'ai vue ce soir-là à l'Esplanade... mes pensées revenaient toujours à elle, silhouette blanche et pitoyable dans quelque cour poussiéreuse, à la lueur d'une lampe, face à un rangée de fusils braqués....

"J'attends!"

La voix de Pied Bot brisa le silence avec force.

Dois-je lui dire la vérité maintenant ?

Il était trois minutes à l'heure.

"Viens ! Les deux adresses !"

Je garderais la foi jusqu'au bout.

« Monsieur le Docteur ! » J'ai hésité.

Il jeta le crayon sur la table et se leva d'un bond. Il m'a attrapé par les revers de mon manteau et m'a secoué d'une poigne de fer.

"Les adresses, espèce de chien !" il a dit.

L'horloge bourdonnait faiblement. Il y avait un coup à la porte.

"Entrez!" rugit Pied Club et reprit sa place.

L'horloge sonnait midi.

Un officier est intervenu vivement et a salué.

C'était Francis !... Francis, fraîchement rasé, la moustache bien taillée, un monocle dans l'œil, dans un pardessus militaire gris joliment cintré, une main gantée de blanc levée pour saluer son casque.

"Hauptmann de Salzmann!" ... il se présenta, claquant des talons et s'inclinant devant Clubfoot, qui le regarda fixement, fronçant les sourcils face à l'interruption. Il s'exprimait avec le ton sec et haché de l'officier prussien typique. "Je recherche Herr Leutnant Schmalz", dit-il.

"Il n'est pas là", répondit Pied Club d'une voix hargneuse. "Il est sorti et je suis occupé... Je ne souhaite pas être dérangé."

" Puisque Schmalz est absent, " répliqua suavement l'officier en s'avançant vers le bureau, " je dois vous déranger un instant, je le crains. J'ai été envoyé de Goch pour inspecter la garde ici. Mais je ne trouve aucun garde... il n'y a pas un homme dans cet endroit.

Pied Bot souleva avec colère sa masse encombrante de sa chaise.

"Je suis dans le ciel !" cria-t-il sauvagement. "C'est incroyable qu'on ne puisse jamais me laisser en paix. Qu'est-ce que le garde a à voir avec moi ? Comprenez-vous que je n'ai rien à voir avec le garde ! Il y a un sergent quelque part... maudissez-le pour un scélérat paresseux... je vais sonner..."

Il n'a jamais fini la phrase. Alors qu'il tournait le dos à mon frère pour atteindre la cloche dans le mur, Francis se jeta sur lui par derrière, saisissant son cou de taureau d'une poigne de fer et enfonçant du même coup son genou dans cette vaste étendue du dos.

L'énorme Allemand, surpris, s'est écrasé à la renverse, mon frère sur lui.

Cela s'est fait si vite que, pour l'instant, j'ai été abasourdi.

"Vite, Des, la porte !" mon frère haleta. "Verrouiller la porte!"

Le grand Allemand rugissait comme un taureau et s'enfonçait sauvagement sous les doigts de mon frère, son pied bot frappant un tatouage tonitruant sur le parquet. Lors de sa chute, le bras gauche de Botfoot avait été plié sous lui et était maintenant cloué au sol par son grand poids. Avec son bras droit libre , il s'efforçait farouchement d'arracher les doigts de mon frère tandis que Francis luttait pour saisir la gorge de l'homme et l'étouffer dans le silence.

Je me suis précipité vers la porte. La clé était à l'intérieur et je l'ai tournée en un tour de main. Tandis que je me retournais pour aller au secours de mon frère, mon regard aperçut la crosse de mon pistolet qui traînait là où Schmalz l'avait jeté la veille, sous mon pardessus, sur le salon de cuir.

J'ai saisi l'arme et je me suis laissé tomber à côté de mon frère, écrasant le bras droit de Botfoot au sol. Je lui ai pointé le pistolet au visage.

"Arrête ce bruit !" J'ai commandé.

L'Allemand obéit.

"Mieux vaut le fouiller, Francis", dis-je à mon frère. "Il a probablement un Browning sur lui quelque part."

Francis fouilla dans les poches de l'homme, levant la main et déposant chaque article au fur et à mesure qu'il apparaissait sur le bureau au-dessus de lui. D'une poche intérieure de poitrine , il sortit le Browning. Il y jeta un coup d'œil : le chargeur était plein avec une cartouche dans la culasse.

"Ne devrions-nous pas l'attacher?" Francis m'a dit.

"Non J'ai dit. J'étais toujours agenouillé au bras de l'Allemand. Il semblait épuisé. Sa tête était retombée sur le sol.

"Laisse-moi me lever, je te maudis !" il s'étouffa.

"Non!" J'ai répété et Francis s'est retourné et m'a regardé.

Chacun de nous savait ce que l'autre avait en tête, mon frère et moi. Nous pensions à une poignée de main que nous avions échangée au bord du Rhin.

J'étais sur le point de parler mais Francis m'a arrêté. Il tremblait de partout. Je pouvais sentir son coude trembler là où il touchait le mien.

"Non, Des, s'il te plaît..." plaida-t-il, "laisse-moi... c'est mon émission..."

Puis, d'une voix qui vibrait de passion réprimée, il s'adressa rapidement à Pied Bot.

"Regarde-moi bien, Grundt ," dit-il sévèrement. "Vous ne me connaissez pas, n'est-ce pas ? Je suis Francis Okewood , frère de l'homme qui vous a amené à votre chute. Vous ne me connaissez pas, mais vous connaissiez certains de mes amis, je pense. Jack Tracy ? " Vous vous souvenez de lui ? Et d'Herbert Arbuthnot ? Ah, vous le connaissiez aussi. Et de Philip Brewster ? Vous vous souvenez de lui aussi, n'est-ce pas ? Inutile de vous demander ce qui est arrivé au pauvre Philip ! "

L'homme au sol ne répondit rien, mais je vis la couleur s'estomper très lentement sur ses joues.

Mon frère a repris la parole.

"Nous étions quatre après cette lettre, comme vous le saviez, Grundt , et trois d'entre nous sont morts. Mais vous ne m'avez jamais eu. J'étais le quatrième homme, la quantité inconnue dans tous vos calculs élaborés... et il semble que moi, j'ai gâché ton compte... Moi et mon frère... un amateur de jeu, Grundt !"

Pied Bot restait toujours silencieux, mais je remarquai une goutte de sueur trembler sur son front, puis couler sur ses joues cendrées et tomber en éclaboussant le sol.

Francis continua de la même voix grave et implacable.

"Je n'aurais jamais pensé devoir me salir les mains en débarrassant le monde d'un homme comme toi, Grundt , mais nous en sommes arrivés là et tu dois mourir. Je t'aurais tué de sang chaud à mon arrivée mais pour Jack, Herbert et les autres... pour eux, vous deviez savoir qui est votre bourreau.

Mon frère a levé le pistolet. Ce faisant, l'homme au sol, dans un formidable effort de force, se redressa jusqu'à ses genoux, me jetant tête baissée. Puis il y eut une explosion de flammes brûlantes près de ma joue alors que j'étais allongé sur le sol, un bruit assourdissant, un bruit sourd et un gargouillis nauséabond.

Quelque chose tressaillit un peu sur le sol puis resta immobile.

Nous nous levâmes ensemble.

« Des », dit mon frère en hésitant, « cela ressemble plutôt à un meurtre. »

"Non, Francis," murmurai-je en retour, "c'était la justice !"

CHAPITRE XX

LA CHEVAL DE CHARLEMAGNE

Les aiguilles de l'horloge indiquaient midi et quart. C'est drôle, comme mes yeux revenaient sans cesse sur cette horloge ! Il y avait une odeur de poudre chaude dans la pièce, et le soleil d'automne, luttant faiblement à travers la fenêtre, capturait les bords bleus d'une petite brume de fumée qui flottait paresseusement dans l'air près du bureau dans le coin. Comme la pièce était proche ! Et comme ce cadran semblait me regarder ! Je me sentais très malade....

Seigneur! Quel tirage ! Une bouffée d'air glacial me faisait rage au visage. La pièce se balançait toujours d'avant en arrière ....

J'étais sur le siège avant d'une voiture à côté de Francis, qui conduisait. Nous volions assez le long d'une route large et déserte, les grands peupliers qui la bordaient s'éloignaient dans le paysage en voie de disparition à mesure que nous filions. La surface était épouvantable et la voiture tangua d'un côté et de l'autre au fur et à mesure que nous avancions. Mais Francis la tenait bien en main. Il était assis au volant, très calme, posé et très grave, toujours dans son uniforme d'officier, et ses yeux avaient une lueur froide qui me disait qu'il était au top du top.

Nous avons ralenti un peu pour négocier un virage à droite sur une route secondaire. Nous semblions prendre ce virage sur deux roues. Un mince clocher d'église dépassait des arbres au centre du groupe de maisons dont nous nous approchions si furieusement. Le village était presque désert : tout le monde semblait être à l'intérieur pour le repas de midi, mais Francis ralentit et courut dans la rue sale d'un pas sage. Le village passa, il appuya sur l'accélérateur et une fois de plus la voiture bondit en avant.

Le pays était plat comme une crêpe, mais bientôt les champs s'éloignaient un peu de la route avec des rochers et des parcelles d'ajoncs ici et là. L'instant d'après, nous ralentissions la vitesse. Nous nous approchâmes d'un chemin accidenté qui quittait la route et disparut dans un enchevêtrement d'arbres rabougris et de broussailles poussant sur la face jaune d'un bac à sable.

Francis m'a fait signe de sortir, puis il a sauté lui-même au sol, laissant le moteur palpiter. Son visage était gris et figé.

"Reste ici!" il m'a murmuré. "Vous avez votre pistolet ? Bien. Si quelqu'un tente de vous gêner, tirez !" Il s'est précipité dans l'enchevêtrement et a été englouti. J'ai entendu un sifflement, puis un sifflement en réponse, et une minute plus tard, il est réapparu, aidant Monica à traverser les épais sous-bois.

Monica était aussi jolie qu'une photo dans sa combinaison de tir vert foncé et son cache-nez. Elle était aussi excitée qu'une enfant lors de sa première pièce.

"Une voiture!" s'exclama-t-elle. "Oh, Francis, je vais m'asseoir à côté de toi !"

Mon frère a jeté un coup d'œil à sa montre.

"Vingt contre un !" murmura-t-il. Il avait un air traqué sur son visage. Monica l'a vu et cela l'a dégrisée.

Ils se sont levés devant et je me suis assis dans la carrosserie de la voiture.

« Accrochez-vous à ça ! dit Francis en me tendant un étui en cuir. Je l'ai reconnu d'un seul coup d'oeil. C'était la boîte d'envoi de Pied Club. Francis était minutieux en tout.

Une fois de plus, nous nous précipitâmes sur les routes de campagne désolées. Nous n'avons presque pas vu âme qui vive. Les maisons étaient rares et espacées et, à l'exception d'un occasionnel barbe grise binant dans les champs humides ou d'une vieille femme boitillant le long de la route, la campagne semblait morte. Dans l'air froid, le moteur tournait à merveille et Francis en tirait toute la puissance.

Nous nous précipitâmes, le vent dans les oreilles, l'air froid dans le visage, jusqu'à ce que nous nous retrouvions à courir le long d'une allée de vieux arbres qui menait droit comme une flèche au cœur de la forêt. C'était aussi silencieux qu'une tombe : l'air était humide et froid et les arbres dégoulinaient tristement dans les ornières débordantes de la route.

Nous avons longé de nombreuses pistes menant aux profondeurs de la forêt, mais ce n'est que lorsque la voiture a parcouru environ cinq kilomètres de route principale que Francis a ralenti jusqu'à s'arrêter. Il consulta une carte qu'il sortit de sa poche, puis jeta un coup d'œil à sa montre en fronçant les sourcils.

"J'avais espéré emmener la voiture dans la forêt", dit-il, "mais les routes sont si molles que nous n'aurons pas un mètre. Mais nous ne pouvons qu'essayer."

Nous avançons encore, très lentement, jusqu'à l'endroit où une piste part sur la gauche. Il était mal labouré et les ornières avaient un bon pied de profondeur. Monica et moi sommes sortis pour alléger la voiture et Francis l'a fait entrer. Mais il n'avait pas parcouru cinq mètres avant que la voiture ne s'enlise jusqu'aux essieux.

"Nous devrons le quitter", dit-il en sautant. "Il est deux heures moins dix... nous n'avons pas une seconde à perdre."

Il sortit une casquette en tissu de la poche de son pardessus militaire, puis ôta son manteau, laissant apparaître ses vêtements ordinaires en dessous et des bottes noires très brillantes jusqu'aux genoux. Il mit son casque dans le pardessus et en fit un rouleau qu'il glissa sous son bras, puis il enfila sa casquette.

"Maintenant," dit-il, "nous devrons courir pour l'atteindre, Monica, j'en ai peur : nous devons atteindre notre abri tant que la lumière dure, sinon je ne pourrai pas le trouver et il fera noir dans ces conditions." bois dans environ deux heures. Êtes-vous prêt ?

Nous avons quitté la piste pour entrer dans la forêt. Il n'y avait pas beaucoup de sous-bois et les arbres n'étaient pas plantés très près, donc notre chemin n'était pas gêné. Nous courions sur un tapis de feuilles mouillées, trébuchant sur les racines des arbres, déchirant nos vêtements sur les ronces, faisant tomber des pluies de gouttes des branches de pins ou de sapins que nous frôlions dans notre course précipitée. Tantôt un écureuil grimpait sur son arbre, tantôt un lapin retournait furtivement dans son trou, tantôt un cerf aux yeux doux s'écrasait dans les buissons à notre approche. L'endroit était si calme que cela m'a donné confiance. Il n'y avait plus aucune trace d'homme maintenant que nous étions éloignés des marques de ses charrettes sur les voies, et je commençai à sentir, en présence des arbres majestueux et silencieux, que j'étais enfin à l'abri de la menace qui pesait sur moi. sur moi depuis si longtemps.

Nous nous reposions fréquemment, essoufflés et haletants, une main sur le côté. Monica était une merveille d'endurance. Ses bottes étaient trempées, sa jupe mouillée jusqu'à la taille, son visage était écorché et ses cheveux tombaient, mais elle ne s'est jamais plainte. Francis était apparemment infatigable et était toujours celui qui ouvrait la voie lorsque nous repartions à zéro.

C'était dur, car à chaque pas nos pieds s'enfonçaient profondément dans les feuilles. La forêt était vallonnée avec des creux profonds et des berges abruptes, ce qui nous éprouvait beaucoup. Il est vite devenu évident que nous ne parvenions pas à suivre le rythme. Monica était visiblement fatiguée et j'en avais assez; Francis aussi semblait épuisé. Nous nous sommes mis à marcher. Nous peinions péniblement sur ces talus escarpés lorsque Francis, qui conduisait, leva la main.

"La Chevauchée de Charlemagne !" murmura-t-il alors que nous arrivions. Nous regardâmes du haut de la berge et vîmes au-dessous de nous une large clairière forestière, couverte par les branches épaisses des arbres centenaires qui se rejoignaient au-dessus de nos têtes, et qui montait une pente, se rétrécissant à mesure qu'elle avançait, jusqu'à un sentier qui se perdait parmi les des ombres qui tombaient rapidement sur la forêt.

Francis a descendu la berge et nous l'avons suivi. Le crépuscule régnait en bas dans la clairière sous le haut toit de branches et nos pas bruissaient doucement tandis que nous foulions les feuilles sous nos pieds. C'était un endroit fantomatique, et Monica me serra le bras alors que nous nous précipitions vers Francis, qui, avançant à grands pas, menaçait d'être englouti dans l'ombre de la soirée d'automne. Il nous a fait monter la pente et le long du sentier étroit. Un chemin s'en dégagea et il le prit. Cela nous conduisit dans une partie de la forêt plus épaisse que celle que nous avions encore atteinte, où de gros rochers dépassaient des buissons dégoulinants, et les ronces devenaient si épaisses qu'elles obscurcissaient par endroits la piste.

La forêt remontait en pente, et devant nous se trouvait une berge abrupte, dont les flancs étaient parsemés de gros rochers et d'un enchevêtrement de ronces et de sous-bois. Francis se pencha entre deux rochers au pied de la pente, puis se retournant et nous faisant signe de le suivre, disparut. Monica est entrée après lui et je suis arrivé en dernier. Nous étions dans une sorte d'entrée étroite, creusée dans la terre entre les rochers, et elle menait à une large chambre, qui avait apparemment été creusée sous quelques rochers, car, tendant la main, je trouvai que le toit était rocheux et humide au toucher.

Francis et Monica se tenaient dans cette salle lorsque je suis descendu. Dès que je suis entré, j'ai compris pourquoi ils restaient si immobiles. Une lueur vint du fond de la grotte et un son étrange, une sorte de sanglot étouffé, parvint à nos oreilles.

J'ai rampé dans l'obscurité en direction de la lumière. Mes mains tendues tombèrent sur une ouverture basse. Je me baissai et, rampant autour d'un rocher, j'aperçus une autre pièce éclairée par une bougie de gouttière collée par sa cire au mur de terre. Sur le sol, un homme gisait, sanglotant comme si son cœur allait se briser. Il portait une sorte de capote militaire avec une bande jaune dans le dos.

" TVP !" L'appelai-je en sortant mon pistolet de ma poche. Ce faisant, Francis derrière moi m'a touché le bras pour me faire savoir qu'il était là.

" TVP !" J'ai rappelé plus fort.

L'homme se retourna sur ses genoux dans un bond soudain et effrayé. Quand il a vu mon pistolet, il a levé les mains au-dessus de sa tête. Sale et mal rasé, avec les larmes mouillées sur son visage, il avait l'air d'un personnage triste et tragique.

" Kamerad ! Kamerad ! " il m'a marmonné bêtement. "Napoo ! Kaput ! Anglais !"

J'ai regardé l'étranger, à peine capable d'en croire mes oreilles. Ce jargon des tranchées dans cet endroit !

"Es-tu anglais?" Je lui ai demandé.

Au son de ma voix, il regarda autour de lui d'un air furieux.

"Oui, je suis anglais, zur ", répondit-il avec une forte bavure du West Country, "Dieu m'aide!" Et, sans se soucier de moi et de mon pistolet, il se couvrit le visage de ses mains et se remit à sangloter sauvagement, se balançant d'avant en arrière dans son chagrin.

"Retourne voir Monica !" J'ai chuchoté à Francis. "Je vais m'occuper de ce type !"

J'ai réussi à le calmer actuellement. L'habitude est un dirigeant tenace et, malgré nos figures grotesques, le « zur » qu'il m'avait adressé faisait ressortir l'officier qui était en moi. Je lui ai parlé comme je l'aurais fait à l'un de mes propres hommes, et il s'est finalement calmé et m'a regardé.

Ce n'était qu'un garçon – je pouvais le constater à la clarté de sa peau et à l'éclat de ses yeux – mais son visage était pâle et décharné, et au premier coup d'œil, il ressemblait à un homme de quarante ans. Sous sa capote, qui était allemande, il était vêtu de haillons crasseux qui avaient autrefois été un uniforme kaki, comme le révélait la coupe – et rien d'autre.

Il m'a raconté son histoire simple avec son doux accent du Somersetshire, juste l'histoire simple du sort qui a frappé des milliers de nos compatriotes depuis le début de la guerre. Son nom était Maggs , sapeur Ebenezer Maggs , des Royal Engineers, et il fut capturé près de Mons en août 1914, alors qu'il traçait une ligne avec un groupe. Avec un long cortège de prisonniers britanniques – « zum d' entre eux étaient terriblement mauvais, zur , mourants, comme on pourrait dire » – il avait été emmené dans une ville et défilé jusqu'à la gare à travers des rues remplies de soldats allemands moqueurs. Dans des camions à bestiaux, les malades, les blessés, les mourants et les morts, entassés ensemble, sans nourriture ni eau, avaient fait leur voyage en Allemagne avec des foules hostiles à chaque gare, une fois la frontière passée, des hommes brutaux et des femmes hurlantes, pour que même les mourants n'étaient pas sacrés.

C'était un conte terrible, qui ne perdait rien de son horreur du style simple et sans fioritures de ce fils de fermier du West Country. Il faisait partie du groupe de prisonniers de guerre britanniques en haillons et émaciés qui avaient frissonné pendant ce premier long hiver dans le camp de famine de Friedrichsfeld , près de Wesel. Pendant deux ans, il avait enduré la nourriture sale, la négligence, les traitements durs, puis un ami belge débrouillard, qu'il appelait John, dans des jours plus heureux, contrebandier à cette même frontière, lui avait montré un moyen de s'échapper. Cinq jours auparavant, ils avaient quitté le camp et s'étaient séparés, convenant de se retrouver à la Chevauchée de Charlemagne dans la forêt et d'essayer de forcer ensemble la frontière. "John" n'était jamais venu. Pendant vingt-quatre heures, Maggs avait attendu en vain, puis son courage l'avait abandonné et il s'était glissé jusqu'à ce trou dans son chagrin.

Je suis allé chercher Francis et Monica. Maggs recula à leur arrivée.

"Je ne suis pas digne d' une femme, zur ", m'a-t-il murmuré, "Je suis si sale et si rampant que je le suis... Nous ne pouvions pas rester propres de toute façon dans ce camp !"

Toute l'horreur du bon soldat pour la saleté était dans sa voix.

"Tout va bien, Maggs ," répondis-je d'une manière apaisante, "elle comprendra!"

Nous nous sommes assis par terre à la lumière de la bougie du sapeur Maggs , et Francis et moi avons passé en revue notre situation. La grotte dans laquelle nous nous trouvions... une ancienne *cache* de contrebandier ... était l'endroit où François avait passé plusieurs jours lors de ses différentes tentatives pour passer la frontière. La frontière n'était distante que d'environ un quart de mile et traversait la forêt. Il n'y avait pas de clôtures sous tension dans la forêt, comme celles que les Allemands ont érigées le long de la frontière entre la Hollande et la Belgique. La frontière était gardée par des patrouilles. Ces patrouilles étaient réparties à quatre hommes tous les deux cents mètres le long de la ligne à travers la forêt, de sorte que deux hommes, patrouillant par paires, parcouraient chacun une centaine de mètres.

Il était maintenant cinq heures et demie du soir. Nous étions tous deux d'accord sur le fait que nous devrions certainement tenter de franchir la frontière cette nuit-là. Francis m'a donné un coup de coude, désignant le sapeur du regard.

« Maggs , dis-je, nous sommes tous dans une mauvaise passe, mais notre cas est plus désespéré que le vôtre. Je ne vous dirai pas plus que ceci, que si nous sommes pris, l'un de nous trois, nous serons fusillés. , et tous ceux qui seront pris avec nous subiront le même sort. Si vous suivez mon conseil, vous nous quitterez et partirez tout seul : le pire qui puisse vous arriver est d'être renvoyé dans votre camp. Vous serez puni pour avoir couru. loin, mais vous ne perdrez pas la vie ! »

Le sapeur Maggs secoua sa tête jaune.

"Je vais rester", répondit-il fermement; " C'est plus confortable , comme pour nous quatre à vieux ensemble, et c'est une meilleure protection pour la dame. Je ne peux pas je n'ai pas peur du Gers, je ne le fais pas ! J'accompagnerai les officiers et la dame, si cela ne vous dérange pas, zur !"

C'était donc réglé et nous étions tous les quatre convenus d'unir nos forces. Avant de partir, Francis voulait aller en reconnaissance . Je pensais qu'il avait fait plus que sa part ce jour-là, et je l'ai dit. Mais François a insisté.

"Je connais mon chemin à travers la forêt, mon vieux," dit-il, "ce sera beaucoup plus sûr pour moi que pour toi. Je te laisserai la carte et je marquerai l'itinéraire que tu dois suivre, afin que tu puisses trouver le " Si quelque chose m'arrive. Si je ne suis pas de retour à minuit, vous ne devriez certainement pas attendre plus longtemps, mais tenter vous-mêmes. "

Mon frère m'a rendu le document et a indiqué sur la carte l'itinéraire que nous devions suivre. Puis il déposa son baluchon dans la grotte et se déclara prêt.

"Et n'oubliez pas la boîte du vieux Pied Bot", dit-il en guise d'injonction d'adieu.

Monica l'a emmené jusqu'à l'entrée de notre refuge. Elle se tamponnait les yeux avec son mouchoir lorsqu'elle revint. Pour détourner ses pensées, je l'interrogeai sur les événements qui avaient conduit à mon sauvetage, et elle me raconta comment, à la demande de François, elle avait fait sortir tous les domestiques du Château sous différents prétextes. C'était François qui s'était débarrassé des soldats restés en garde.

"Vous vous souvenez du tour du capitaine de Köpenick ", dit-elle. "Eh bien, Francis s'est joué du sergent et de ces six hommes. Il a dormi à Clèves, s'est fait tailler chez le coiffeur, a acheté les bottes de campagne qu'il porte et a volé ce casque et cette capote sur les patères de la maison. passage au Schmidt's Café, où les officiers vont toujours boire de la bière après le défilé du matin. Puis il se rendit au Château - il savait que l'endroit serait désert une fois le tournage commencé - et dit au sergent qu'il avait été envoyé de Goch à inspectez la garde. Je pense qu'il est tout simplement splendide ! Il a inspecté les hommes et a insulté tout le monde de haut en bas, et a envoyé le sergent au paddock avec l'ordre de les entraîner pendant deux heures. Francis me racontait tout cela pendant que nous avancions. " Il dit que si vous parvenez à vous procurer un uniforme et à harceler suffisamment un Allemand, il ne bluffera jamais. Pouvez-vous le battre ? "

Les heures s'éternisaient avec lassitude. Nous n'avions rien à manger, et Maggs , qui avait mangé ses dernières provisions vingt-quatre heures auparavant — le soldat britannique est un mauvais accumulateur — consomma bientôt la dernière de mes cigarettes. Il était dix heures passées lorsque j'entendis un pas dehors. L'instant d'après, Francis entra, blanc et essoufflé.

"Ils battent la forêt pour nous", haletait-il. "L'endroit est plein d'hommes. J'ai dû ramper tout le trajet aller-retour et je suis trempé jusqu'aux os."

J'ai montré Monica, qui dormait profondément, et il a baissé la voix.

"Eh bien," dit-il, "j'ai espéré aussi longtemps que j'ai osé, mais maintenant je crois que le jeu est terminé. Ils battent la forêt en grand cercle, soldats, policiers et douaniers. Si nous partons immédiatement nous pouvons atteindre la frontière avant qu'ils n'arrivent ici, mais à quoi ça sert... chaque patrouille nous guette... la forêt semble embrasée de torches.

"Nous devons essayer, Francis," dis-je. "Nous n'avons aucune chance si nous restons ici !"

"Je pense que tu as raison," répondit-il. "Eh bien, voici le plan. Il y a un ravin profond qui traverse la frontière. J'y ai passé une heure. Ils ont construit un pont de planches au sommet juste de ce côté de la ligne, et la patrouille arrive au ravin vers toutes les trois minutes. Il est pratiquement impossible de sortir de ce ravin en trois minutes, hors de vue et de son, mais..."

"À moins que nous puissions détourner l'attention de la patrouille !" » dit le sapeur Maggs .

Mais Francis a ignoré l'interruption.

"... On peut au moins essayer. Allez, il faut commencer ! Dieu merci, il n'y a pas de lune, il fait noir comme le diable dehors !"

Nous avons réveillé Monica et sommes sortis à tâtons de la grotte dans la forêt noire et dégoulinante. Quelque part au loin, un faible éclat rougit le ciel. De temps en temps , je croyais entendre un cri, mais il me paraissait lointain.

Nous avons rampé furtivement en avant, Francis devant, puis Monica, Maggs et moi en dernier. En quelques minutes, nous étions entièrement mouillés et nos mains, bleues et mortes de froid, étaient égratignées et déchirées. Notre progression était interminablement lente. Tous les quelques mètres, Francis levait la main et nous nous arrêtions.

enfin la sombre clairière où, comme François nous l'avait dit, selon la croyance populaire, on voyait encore, la nuit de la Saint-Hubert, le spectre de Charlemagne galoper avec ses fantomatiques partisans de la chasse . Le bruissement des feuilles attira nos oreilles ; instantanément, nous nous sommes tous allongés derrière une banque.

Un groupe d'hommes arrivait dans la clairière. L'un d'eux chantait une ancienne chanson de soldat allemand :

"Le Vöglein je suis Walde Sie chanten so schön In der Heimat, in der Heimat, Da gibt's un Wiederseh'n ."

"La patrouille de secours !" Ai-je chuchoté à Francis, dès qu'ils furent passés.

"L'autre groupe qu'ils relèvent sera de retour par ici dans une minute. Nous devons traverser rapidement." Mon frère se tenait debout et traversait rapidement la Chevauchée de Charlemagne sur la pointe des pieds, et nous le suivions.

Nous avons dû ramper pendant une heure avant d'arriver au ravin. C'était un fossé profond et étroit, aux parois abruptes, plein de broussailles et de ronces. Maintenant, nous pouvions entendre distinctement les voix des hommes tout autour de nous, à ce qu'il semblait, et à droite, à gauche et devant nous, nous apercevions par intervalles des flammes rouges à travers les arbres. Nous ne pouvions avancer qu'à pas de tortue, de peur que le bruissement continu de nos pas ne nous trahisse. Chacun avança donc tour à tour de quelques pas ; puis nous avons tous fait une pause, puis le suivant a continué. Nous ne pouvions plus ramper ; le sous-bois était trop épais pour cela ; nous avons dû avancer courbés en deux.

Nous avancions ainsi depuis une bonne demi-heure lorsque Francis, qui était devant comme d'habitude, nous fit signe de nous allonger. Nous restions tous immobiles parmi les ronces.

Puis une voix quelque part au-dessus de nous dit en allemand :

"Et j'aurai un homme à la planche ici, sergent : il peut surveiller le ravin."

Une autre voix répondit :

"Très bien, Herr Leutnant , mais dans ce cas, les patrouilles de droite et de gauche n'ont pas besoin de traverser la planche à chaque fois ; elles peuvent faire demi-tour lorsqu'elles arrivent au garde du ravin."

Les voix s'éteignirent dans un murmure. J'ai tendu le cou vers le haut. Il faisait si sombre que je ne voyais rien d'autre que le motif des branches sur le ciel nocturne. Je murmurai à Francis, qui était juste en face de moi :

« À moins que nous nous y précipitions maintenant, cet homme nous entendra bruisser !

Francis leva un doigt. J'ai entendu un pas lourd le long de la berge au-dessus de nous.

"Trop tard!" mon frère a répondu à voix basse. "Entendez-vous les patrouilles ?"

Des pas s'écrasant dans les sous-bois résonnaient à droite et à gauche.

« Travail à froid ! dit une voix.

"Amer!" vint la réponse, juste au-dessus de nos têtes.

« Vous avez vu quelque chose ?

"Rien!"

Le bruissement recommença à droite et s'éteignit.

"Ils se rapprochent à gauche !" Une autre voix cette fois.

« Vous avez entendu quelque chose, et vous ? de la voix au-dessus de nous.

"Rien!"

Le bruissement éclata de nouveau sur la gauche et se perdit peu à peu au loin.

Silence.

J'ai senti un souffle chaud dans mon oreille. Le sapeur Maggs se tenait à mes côtés.

"Il y a quelqu'un qui nous surveille là-haut ?" Il murmura.

J'ai hoché la tête.

"Si nous pouvions éloigner sa attention , il pourrait passer, la prochaine fois que les patrouilles seront passées, n'est- ce pas ?"

Encore une fois, j'ai hoché la tête.

"Ce serait pire pour l'if que pour moi, en supposant que l'if soit ca-art, c'est ce que l'autre officier a dit, n'est- ce pas ?"

Et une fois de plus, j'acquiesçai.

Le murmure chaud revint.

"Je vais partir pour la prochaine fois que les patrouilles passeront . Quand je crie, if et les autres, if courent. Trente et un quarante-trois sapeurs Maggs , RE, de Chewton Mendip ... c'est moi... peut-être que tu nous laisserais écrire un peu au camp.

J'ai tendu la main dans l'obscurité pour l'arrêter. Il est parti.

Je me penchai en avant et murmurai à Francis :

"Quand on entend un cri, on se précipite !"

Je l'ai senti me regarder avec surprise : il faisait trop sombre pour voir son visage.

"Droite!" » murmura-t-il en retour.

Maintenant, à gauche, nous entendions des voix crier et nous vîmes des torches rougeoyantes parmi les arbres. Des cris de réponse retentirent à droite et à l'arrière.

De nouveau, les patrouilles se rejoignirent près de la planche au-dessus de nos têtes, et de nouveau leurs pas de départ bruissaient dans les feuilles.

Le murmure des voix se rapprochait. On sentait vaguement la résine brûlante des torches.

Puis un cri sauvage déchira la forêt. La voix au-dessus de nous a crié « Halte ! » mais l'écho se perdit dans le bruit assourdissant d'un fusil.

Francis attrapa Monica par le poignet et la traîna vers l'avant. Nous avons plongé et nous sommes écrasés dans l'enchevêtrement du ravin. Nous avons entendu un deuxième coup de feu, puis un troisième, des ordres ont été criés, l'éclat rouge s'est intensifié dans le ciel...

Monica s'est effondrée tout à coup à mes pieds. Elle n'émit jamais un son, mais tomba à terre, le visage blanc comme du papier. Sans un mot, nous l'avons prise entre nous et avons continué, trébuchant, haletant, toussant, nos vêtements déchirés et déchirés, le sang suintant des profondes égratignures sur nos visages et nos mains.

Enfin, nos forces nous ont lâchés. Nous avons couché Monica dans le ravin et avons attiré les broussailles sur elle, puis nous avons rampé sous les ronces épuisées, battues.

L'aube zébrait le ciel de citron quand un chien sauta en reniflant dans notre cachette. Francis et Monica dormaient.

Un homme se tenait au sommet du ravin et nous regardait de haut. Il portait une arme à feu sur son épaule.

"Avez-vous eu un accident?" dit-il gentiment.

Il parlait en néerlandais.

CHAPITRE XXI

LES ONGLETS ROUGES EXPLIQUE

Depuis les collines de l'Argyllshire , l'hiver s'est abattu sur nous dans la nuit. Derrière lui, il a laissé son manteau blanc, et il s'étend désormais depuis les plus hauts sommets des montagnes jusqu'au doux clapotis de la marée sur les bords noirs du loch. Pourtant, alors que je suis assis à ajouter les derniers mots à ce récit simple d'un curieux épisode de ma vie, la scène hivernale se dissout sous mes yeux, et je revois cette aube dans la forêt... Francis et Monica, dormant côte à côte, comme les bébés dans le bois, à moitié couverts de feuilles, le retriever impatient et haletant, et moi-même, pauvre épouvantail en haillons, regardant bouche bée le Hollandais dont la aimable enquête vient de me révéler la merveilleuse vérité... que nous sommes en sécurité à travers le frontière.

Quelle vision disproportionnée on a des événements dont on est l'acteur principal ! Les grands problèmes disparaissent, les petites choses prennent de l'ampleur. Quand je repense à ce matin-là, je ne retrouve dans ma mémoire aucun souvenir de démonstrations extravagantes de joie lors de notre accouchement, aucune hystérie, aucun héroïsme. Mais je retrouve le souvenir parfumé d'un bain chaud glorieux et d'un petit-déjeuner épique dans la maison de ce gentil Hollandais, suivis d'un tourbillon d'hospitalité à notre arrivée dans la maison de van Urutius , qui n'était pas à plus de dix miles de la périphérie. De la forêt.

Madame van Urutius s'occupa de Monica, qui fut immédiatement mise au lit, tandis que Francis et moi allions directement à Rotterdam, où nous avons eu un entretien au consulat britannique, de sorte que nous avons pu prendre le bateau à vapeur pour l'Angleterre le lendemain. jour.

À la suite de divers télégrammes envoyés par Francis depuis Rotterdam, une voiture nous attendait à notre arrivée à Fenchurch Street le lendemain soir. Nous y sommes partis pour un entretien avec le chef de mon frère. Francis a insisté pour que je remette personnellement la partie du document en notre possession.

" Vous l'avez mis la main, Des, " dit-il, " et il est juste que vous en ayez tout le mérite. J'ai la boîte d'expédition de Clubfoot à montrer comme résultat de mon voyage. C'est seulement dommage que nous n'ayons pas pu l'obtenir. l'autre moitié hors du vestiaire à Rotterdam.

On nous a montré directement le chef. J'ai été plutôt surpris par le calme facile avec lequel il nous recevait.

"Comment vas-tu, Okewood ?" dit-il en faisant un signe de tête à Francis. "C'est ton frère ? Comment vas-tu ?"

Il m'a tendu la main et est resté silencieux. Il y eut une pause distincte. Me sentant nettement embarrassé, j'ai sorti mon portefeuille, j'en ai extrait les trois bouts de papier et les ai déposés sur le bureau devant le chef.

"Je t'ai apporté quelque chose," dis-je d'un ton boiteux.

Il ramassa les bouts de papier et les regarda un instant. Puis il prit un dossier en carton sur le bureau devant lui, l'ouvrit et montra l'autre moitié de la lettre du Kaiser, le fragment que j'avais cru reposer dans un sac à la gare de Rotterdam. Il plaça les deux fragments côte à côte. Ils s'adaptaient exactement. Puis il ferma le dossier, le transporta à travers la pièce jusqu'à un coffre-fort et le ferma sous clé. En revenant, il nous tendit ses deux mains, me donnant la droite, la gauche à Francis.

"Vous avez très bien fait", a-t-il déclaré. "Bons garçons ! Bons garçons !"

"Mais cette autre moitié..." commençai-je.

"Votre ami Ashcroft n'est en aucun cas aussi idiot qu'il en a l'air," rigola le chef. "Il a fait une sage décision. Il m'a apporté vos deux lettres. J'ai veillé au reste. Ainsi, lorsque le télégramme de votre frère est arrivé de Rotterdam, j'ai sorti l'autre moitié de la lettre du coffre-fort; j'ai pensé que je serais prêt pour toi, tu vois!"

"Mais comment saviez-vous que nous avions le reste de la lettre ?" J'ai demandé.

Le chef rit encore.

"Mes jeunes hommes ne télégraphient pas pour que les voitures les rejoignent à la gare lorsqu'elles sont en panne", a-t-il répondu. "Maintenant, raconte-moi tout ça !"

Alors je lui ai raconté toute mon histoire depuis le début.

Quand j'eus fini, il dit :

"Vous semblez avoir une très bonne disposition naturelle pour notre jeu, Okewood . Cela semble dommage de la gaspiller dans le travail régimentaire..."

Je suis entré précipitamment.

"Il me reste quelques semaines de congé de maladie", dis-je, "et après cela, j'avais hâte de retourner au front pour me reposer. Ce genre de choses est trop excitant pour moi!"

"Eh bien, répondit le chef, nous verrons cela plus tard. En attendant, nous n'oublierons pas ce que vous avez fait... et je veillerai à ce que cela ne soit pas oublié ailleurs."

Là-dessus, nous l'avons quitté. Ce n'est qu'à l'extérieur que je me rappelai qu'il ne m'avait rien dit de ce que je brûlais de savoir sur l'origine et la disparition de la lettre du Kaiser.

C'est mon vieil ami, Red Tabs, que j'ai rencontré lors d'une de nos nombreuses visites à des fonctionnaires mystérieux mais manifestement importants, qui a finalement éclairci pour moi les nombreux points obscurs de mon aventure. Quand il m'a vu , il a éclaté de rire.

" 'Pon mon âme," sourit-il, "tu sembles être capable d'agir selon un indice, n'est-ce pas ?"

Puis il m'a raconté l'histoire de la lettre du Kaiser.

"Il n'est pas nécessaire de parler du contenu de cette étonnante lettre", commença-t-il, "car vous les connaissez probablement mieux que moi. La date seule suffira... le 31 juillet 1914... elle explique un Le dernier jour de juillet fut le moment où la paix de l'Europe tremblait littéralement dans la balance. Vous connaissez la nature rebelle et capricieuse de l'Empereur , son avidité de gloire et de gloire militaire, sa terreur morbide de l'inconnu. La dernière semaine de juillet , il était tiraillé entre des forces opposées : d'un côté était rangé l'ensemble du parti militaire prussien, mené par le prince héritier et l'entourage immédiat de l'empereur, de l'autre, le bilan de prospérité que des années de paix avaient eu. Il dut choisir entre sa propre mégalomanie avide de lauriers militaires, d'une part, et, d'autre part, cette place dans l'histoire de Prince de la Paix pour laquelle, dans ses moments les plus doux, il revendiquait si souvent envie.

"Le Kaiser est un homme d'humeur. Il s'est assis et a écrit cette lettre dans un accès de découragement et d'indécision, alors que la vision de la paix lui paraissait plus belle que le spectre de la guerre. Dieu sait quelle violente émotion l'a poussé à écrire cet extraordinaire appel à son ami anglais, appel qui, s'il était publié, le convaincrait de la plus profonde trahison envers son allié, mais il écrivit la lettre et l'envoya aussitôt à Londres. Il n'utilisa pas le courrier régulier : il envoya la lettre par un homme de son choix, qui avait des instructions spéciales pour remettre la lettre en personne au prince Lichnowski , l'ambassadeur d'Allemagne. Lichnowski devait remettre la missive personnellement à son destinataire.

"Presque aussitôt que la lettre fut partie, le Kaiser semble avoir réalisé ce qu'il avait fait, s'être repenti de son acte. Les tentatives visant à arrêter le messager avant qu'il n'atteigne la côte semblent avoir échoué. En tout cas, nous savons que tout au long du 31 juillet et du 1er août, Lichnowski , à

Londres, fut bombardé de dépêches lui ordonnant de renvoyer le messager avec la lettre à Berlin dès son arrivée à l'ambassade.

"Le courrier n'est jamais arrivé jusqu'à Carlton House Terrace. Quelqu'un du parti de guerre à la cour de Berlin a eu vent de la lettre fatidique et a envoyé un message à quelqu'un de l'ambassade d'Allemagne à Londres - les jingos prussiens y étaient bien représentés par Kühlmann et d'autres de son acabit - pour intercepter la lettre.

"La lettre a été interceptée. Comment cela a été fait et par qui nous ne l'avons jamais découvert, mais Lichnowski n'a jamais vu cette lettre. Le courrier n'a pas non plus quitté Londres. Avec la lettre impériale toujours en possession, apparemment, il s'est rendu dans une maison à Dalston. , où il a été arrêté le lendemain de la déclaration de guerre à l'Allemagne.

"Ce courrier s'appelait Schulte. Nous ne le savions pas à l'époque qu'il voyageait pour les affaires de l'Empereur , mais nous le connaissions très bien comme l'un des espions les plus audacieux et les plus réussis que l'Allemagne ait jamais employés dans ce pays. Un de nos hommes l'a récupéré tout à fait par hasard à son arrivée à Londres et l'a suivi à Dalston, où nous l'avons immédiatement mis par les talons lorsque la guerre a éclaté.

" Schulte a été interné. Vous avez entendu comment une de ses lettres, arrêtée par le Censeur du Camp, nous a mis sur la trace de la lettre interceptée, et vous connaissez les démarches que nous avons faites pour obtenir la possession du document. Mais nous avons été induits en erreur. ... non pas par Schulte, mais par la trahison d'un homme à qui il s'était confié, l'interprète du camp d'internement.

« C'est à cet homme que Schulte confia la fameuse lettre, lui disant de l'envoyer par voie souterraine à une certaine adresse à Clèves, et lui promettant en échange une commission de vingt-cinq pour cent sur le prix à payer pour la lettre. L'interprète a pris la lettre, mais n'a pas fait ce qui lui était demandé. Au contraire, il a écrit à l'intermédiaire avec lequel Schulte avait été en correspondance (probablement Pied Bot) et a annoncé qu'il savait où se trouvait la lettre et qu'elle était préparée pour le vendre, il suffirait que l'acheteur vienne le chercher en Angleterre.

"Eh bien, pour faire court, l'interprète a passé un marché avec les Huns, et ce Dr Semlin a été envoyé en Angleterre depuis Washington, où il travaillait pour Bernstorff, pour aller chercher la lettre à l'adresse de Londres indiquée par Entre-temps, nous nous sommes attaqués à l'interprète qui, comme Schulte, avait travaillé toute sa vie dans le domaine de l'espionnage, et il a été arrêté.

"Nous savons ce que Semlin trouva en arrivant à Londres. Le rusé interprète avait coupé la lettre en deux, afin de s'assurer de son argent, signifiant sans doute remettre l'autre partie aussitôt que le prix serait payé. Mais au moment où Semlin arrivait à Londres, l'interprète était arrêté et Semlin dut signaler qu'il n'avait reçu que la moitié de la lettre. Le reste, vous savez... comment Grundt a été envoyé chercher, comment il est venu dans ce pays et a récupéré l'autre partie. " Ne me demandez pas comment il s'y est pris : je ne le sais pas, et nous n'avons même jamais su où l'interprète avait déposé la seconde moitié ni comment Grundt avait découvert sa cachette. Mais il a exécuté sa mission et s'est enfui avec la marchandise. Le reste de l'histoire, vous le savez mieux que moi ! »

"Mais Botfoot", ai-je demandé, "qui est-il ?"

"Beaucoup ont posé cette question," répondit gravement Red Tabs, "et certains n'ont pas attendu longtemps pour obtenir leur réponse. L'homme était connu de nom et de réputation par très peu de personnes, de vue encore moins, mais je doute qu'il y en ait. L'homme de son temps exerçait en secret un plus grand pouvoir que lui. Officiellement, il n'était rien, il n'existait pas, mais dans les lieux sombres où étaient tracées ses voies, il surveillait, complotait et espionnait pour son maître, l'outil du pouvoir. Mépris impérial car il était l'instrument de la vengeance impériale.

« Un homme comme le Kaiser, poursuivit mon ami, tout monarque qu'il soit, a naturellement beaucoup d'ennemis et s'en fait beaucoup plus. Chef de l'armée, chef de la marine, chef de l'Église, chef de l'État — incontesté, chef autocratique - il est confronté à chaque instant à des problématiques personnelles tissées et entremêlées de questions politiques. C'est dans ce domaine, où le personnel se greffe sur le politique, que Botfoot régnait en maître... ici et dans un autre domaine, où l'Allemand William n'est pas seulement un monarque, mais aussi un homme très ordinaire.

"Il y a des phases dans la vie de chaque homme, Okewood , qui supportent à peine la lumière du jour. Dans une autocratie, cependant, ces phases sont généralement inextricablement liées à des questions politiques. C'est dans ces endroits sombres que Clubfoot a prospéré... lui et son des hommes... « le gang G », nous les appelions, d'après la lettre « G » (signifiant *Garde* ou *Guard*) sur leurs insignes des services secrets.

"Pied-bot n'avait de comptes à rendre à personne sauf à l' Empereur seul. Son travail était d'une nature si délicate, si confidentielle, qu'il ne rendait compte de ses services qu'à son maître impérial. Personne ne pouvait retenir sa main, pour l'arrêter. dans ses cours, sauf cet infirme névrotique et capricieux, toujours ouvert à la flatterie...."

Red Tabs réfléchit une minute puis continua.

« Personne ne peut répertorier, dit-il, les crimes commis par Pied Bot, les infamies dont il a été victime. Même le Kaiser lui-même, j'ose dire, ne sait pas de quelle manière ses ordres à ce garde noir ont été exécutés... des ordres frappés assez souvent, je le jure, dans un accès de colère, un élan de passion, et oubliés l'instant d'après dans l'excitation de quelque sensation nouvelle.

"Je connais un peu le passé de Clubfoot, les vies innocentes détruites, les carrières ruinées, les disparitions soudaines, les morts violentes. Quand vous et votre frère l'avez fait passer à Der Stelze, Okewood , vous avez réglé un long compte en suspens que nous avions contre lui, mais vous avez également rendu à ses compatriotes un service remarquable.

J'ai pensé aux commentaires que j'avais entendus sur Clubfoot parmi les clients de Haase's et j'ai senti que Red Tabs avait encore une fois mis le doigt sur la tête.

"D'ailleurs?" dit Red Tabs alors que je me levais pour partir, voudriez-vous voir l'épitaphe de Pied Bot ? Je l'ai gardée pour vous. Il m'a tendu un journal allemand – le *Berliner Tageblatt* , je crois – avec un paragraphe marqué au crayon rouge. J'ai lu:

"Nous avons le regret de vous annoncer la mort subite par apoplexie du Dr Adolf Grundt , inspecteur des écoles secondaires. Le défunt a été étroitement lié pendant de nombreuses années à un certain nombre d'institutions caritatives bénéficiant du patronage de l' Empereur . Sa Majesté a fréquemment consulté le Dr Grundt. concernant la répartition des sommes allouées annuellement sur le Trésor privé pour des objets de bienfaisance."

« Un joli spécimen du cynisme prussien ? » rit Red Tabs. Mais j'ai tenu la tête... le jeu était trop profond pour moi.

Chaque semaine, un panier de bonnes choses est expédié au 3143 Sapeur Ebenezer Maggs , prisonnier de guerre britannique, Gefangenen -Lager, Friedrichsfeld. à Wesel. J'ai été en communication avec son peuple, et depuis sa fuite du camp, ils n'ont plus reçu de réponse de sa part. Ils me le feront savoir immédiatement s'ils entendent, mais je suis inquiet et inquiet pour lui.

Je n'ose pas écrire de peur de le compromettre : je n'ose pas faire une enquête officielle sur sa sécurité pour la même raison. S'il survivait à ces tirs dans l'obscurité, il subit certainement une punition, et dans ce cas il serait privé du privilège d'écrire ou de recevoir des lettres.

Mais les semaines passent et aucun message ne me parvient de Chewton Mendip . Presque quotidiennement, je me demande si le vaillant garçon a survécu cette nuit-là pour retourner dans la misère du camp de famine, ou si, hors de l'obscurité de la forêt, son âme courageuse s'est envolée, se libérant définitivement des souffrances de ce monde. .. Pauvre sapeur Maggs !

Francis et Monica sont en lune de miel sur la Riviera. Gerry, j'en suis sûr, aurait refusé d'assister au mariage, mais on ne lui a pas demandé. Francis obtient un poste pour les renseignements en France à la fin de son congé.

J'ai obtenu mon pas, antidaté au jour de mon entrée en Allemagne. Francis a été informé que quelque chose allait lui arriver, à lui et à moi, à l' occasion des honneurs du Nouvel An .

Je ne m'inquiète pas beaucoup. Je retourne au front la veille de Noël.

LA FIN

LE RETOUR DU PIED CLUB

Par Valentine Williams.

Alors qu'il passe des vacances dans une petite république d'Amérique centrale, Desmond Okewood , des services secrets, découvre auprès d'un peigneur de plage mourant un trésor caché.

Avec l'aide d'un millionnaire, il part pour Cock Island, dans le Pacifique. A son grand étonnement, il découvre que l'Homme au pied bot, qu'il croyait mort, l'a devancé. Il est évident pour Okewood que son vieil ennemi est également à la recherche de l'or caché, et s'ensuit une séquence d'aventures passionnantes, dans laquelle la jolie nièce du millionnaire joue un rôle de premier plan.

Okewood a le chiffre, et l'Homme au pied bot décide de le sécuriser, car sans ce chiffre, il est impossible de découvrir la cachette du trésor ; mais il y a quelque chose que l'Homme au pied bot ne sait pas, alors qu'Okewood le sait.